BILDATLAS
DES KÖRPERS

ENTDECKEN · VERGLEICHEN · WISSEN ERWEITERN

Steve Parker

Illustrationen von Giuliano Fornari

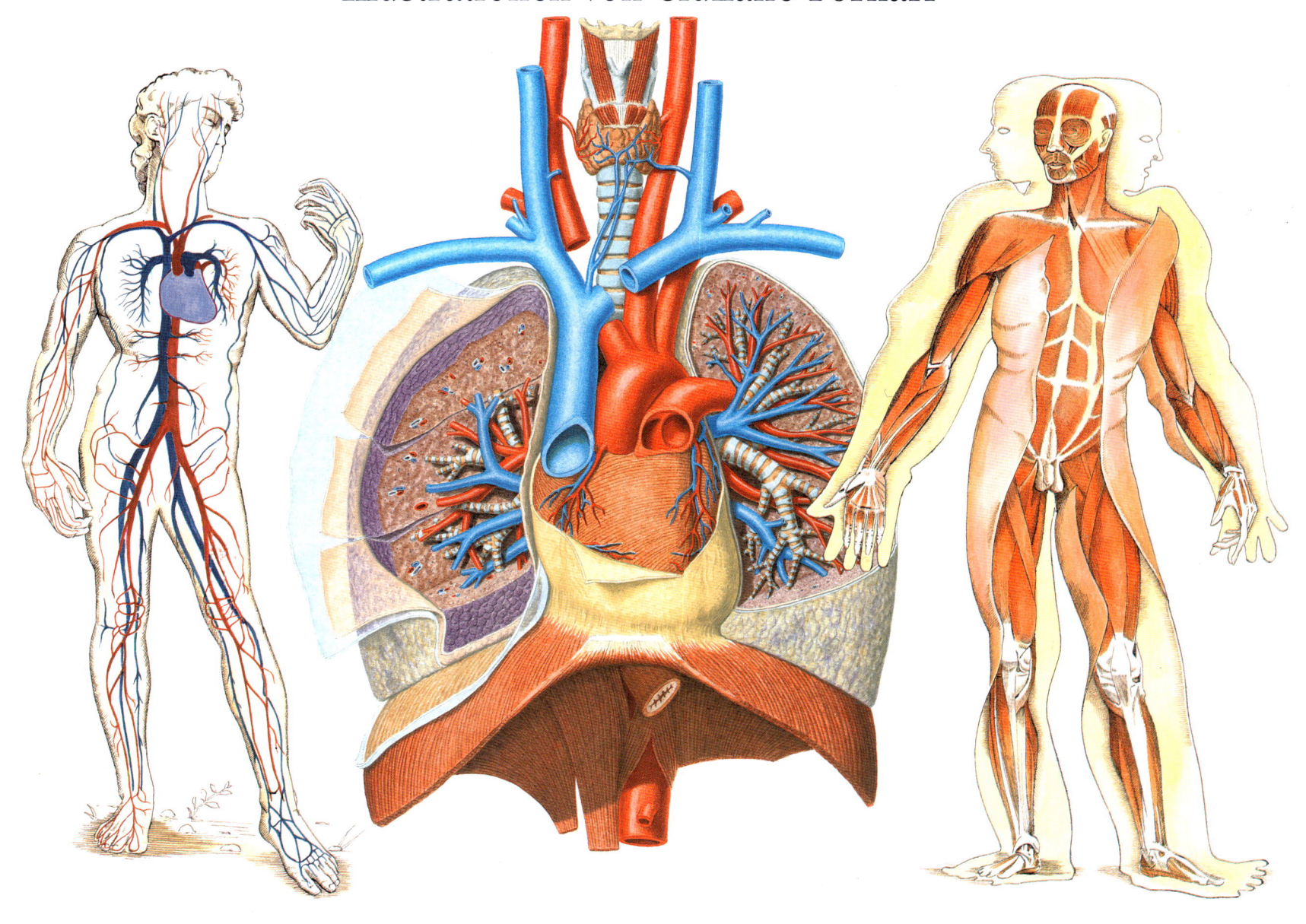

Bechtermünz Verlag

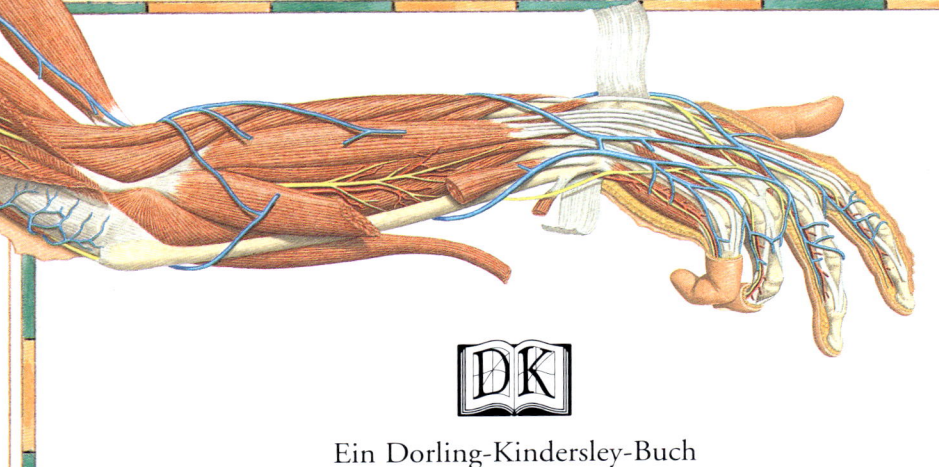

DK

Ein Dorling-Kindersley-Buch

Gestaltung: Dorian Spencer Davies
Redaktion der Originalausgabe:
Laura Buller, Christopher Gillingswater,
Jacquie Gulliver, Constance Novis und Susan Peach
Fachberatung: Thomas Kramer

Aus dem Englischen von Peter Haaß
Titel der Originalausgabe: »The Body Atlas«

In dieser Reihe sind bereits erschienen:

Bildatlas der Dinosaurier
Bildatlas der Entdeckungen
Bildatlas der Tiere
Bildatlas der Welt
Bildatlas des Weltalls
Bildatlas der Erde
Bildatlas der Alten Kulturen
Bildatlas der Meere
Bildatlas der Vögel

Inhalt

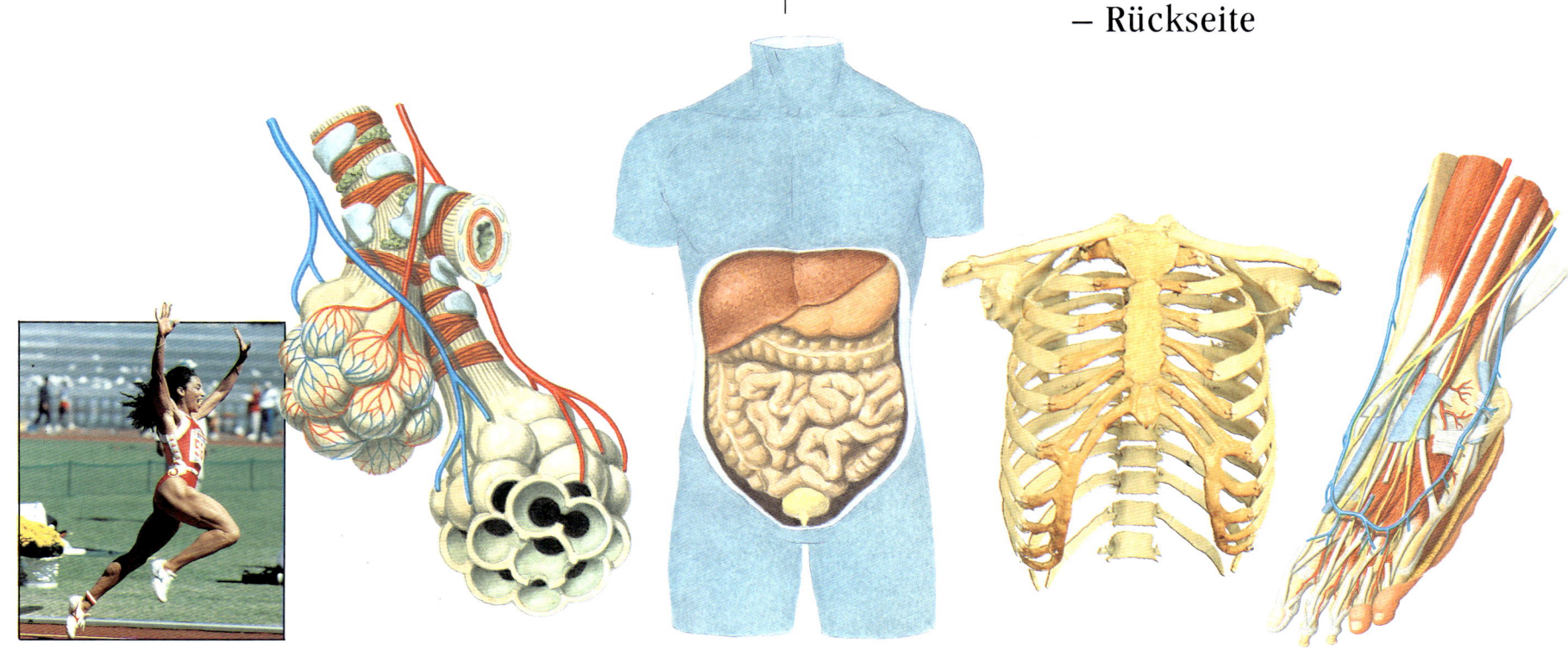

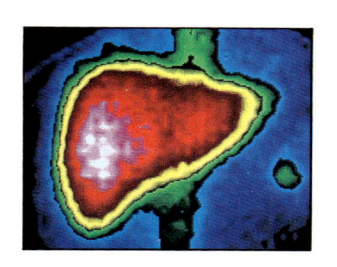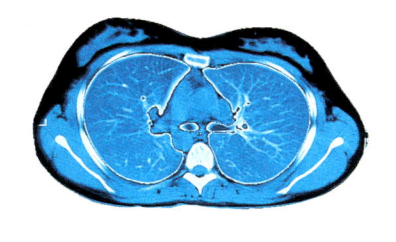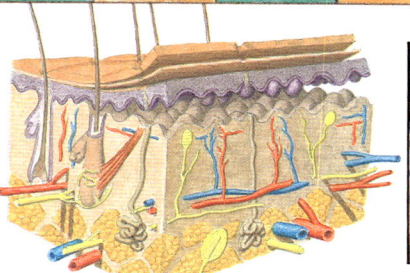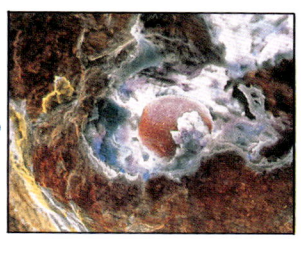

Zum Gebrauch dieses Atlas

Dieses Buch stellt die erstaunliche Welt in deinem Inneren dar – die Welt des menschlichen Körpers. Die Zeichnungen auf den folgenden Seiten zeigen jeweils eine wichtige Region des Körpers, vom Kopf bis zum Fuß. Sie demonstrieren, wo die einzelnen Organe liegen, welche Funktion sie haben und wie sie mit den anderen Körperteilen zusammenarbeiten. Dein Körper sieht sicherlich nicht genauso aus wie der hier gezeigte. Wo es Unterschiede gibt – wie beispielsweise zwischen männlichem und weiblichem Geschlecht – werden diese in getrennten Abbildungen erläutert. Natürlich gibt es auch Unterschiede in Größe, Gewicht, Hautfarbe, Haar, Knochen-Proportionen und anderen Merkmalen, die jeden von uns einzigartig innerhalb der menschlichen Gattung Homo Sapiens machen.

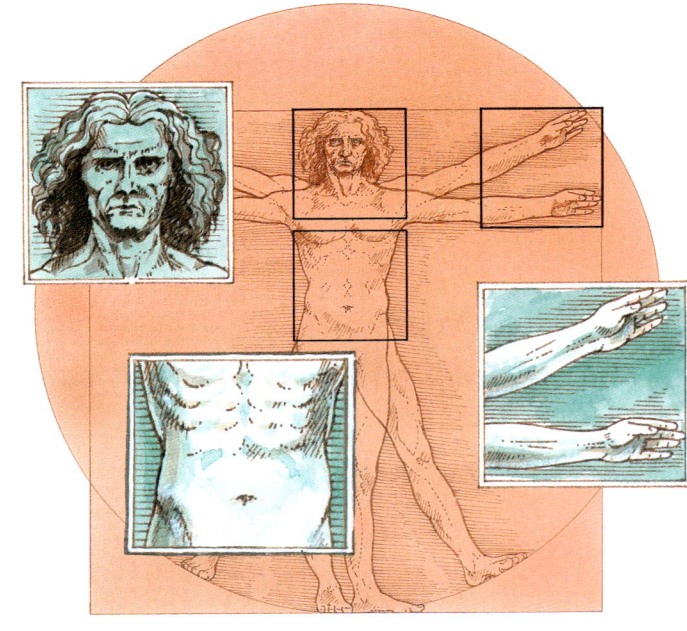

Wegweiser

Das Buch ist in Abschnitte unterteilt, die sich mit den wesentlichen Körperregionen wie Kopf und Hals, oberem Rumpf oder Arm und Hand beschäftigen. Nach der Einleitung befindet sich auf jeder Doppelseite links oben eine kleine Illustration (wie oben abgebildet), die zeigt, in welcher Region des Körpers wir uns gerade befinden. Wie die Umrisse von Kontinenten in einem Weltatlas ermöglichen diese Illustrationen eine schnelle Orientierung über den momentanen Standort im Körper.

Außenansicht

Der »Bildatlas des Körpers« zeigt, wie deine Körperteile von außen und von innen aussehen – und das sowohl in der Vorder- als auch in der Rückansicht. Einige Körperteile werden in ihrer tatsächlichen Gestalt und Farbe gezeigt – so wie links das Herz, seine Hüllen und die großen Blutgefäße, die es umgeben.

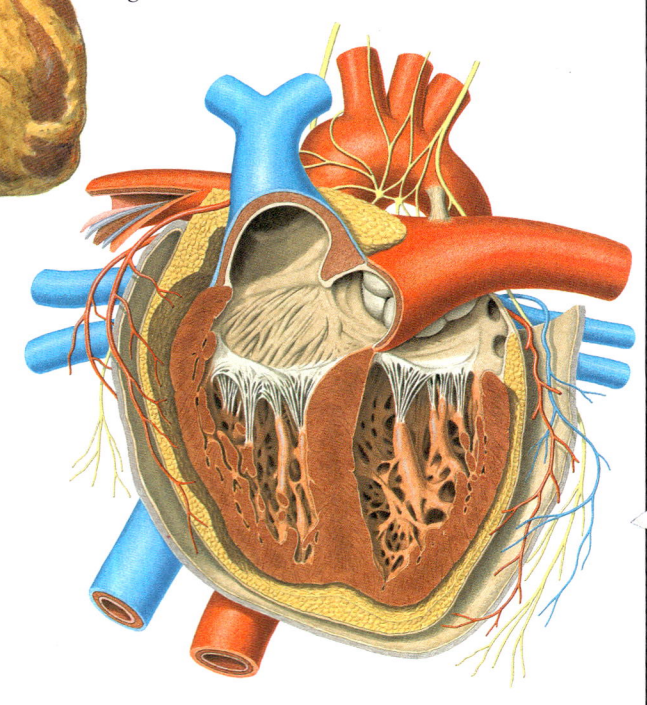

Schicht um Schicht

Jede einzelne Schicht des Körpers wird in den Abbildungen abgehoben, damit man weiter ins Innere sehen kann. Unter Haut und Muskelschichten liegen die wesentlichen Organe, wie Gehirn, Lungen, Herz, Leber, Magen und Darm. Zwischen ihnen schlängeln sich Blutgefäße und Nerven. Noch tiefer liegen die Skelettknochen, die ein kräftiges Gerüst für die Bewegungen des Körpers bilden. Dahinter liegen noch mehr Muskeln und Gefäße sowie eine weitere Schicht aus Fett und Haut.

Innenansicht

In vielen Abbildungen wurde das Äußere ganz oder teilweise weggelassen, um die Strukturen im Inneren zu zeigen. Rechts etwa siehst du die Kammern, Klappen und Muskeln des Herzens. Arterien, Venen und Nerven werden in drei unterschiedlichen Farben dargestellt, damit man sie besser auseinanderhalten kann.

Die Haut folgt den Umrissen der darunterliegenden Muskeln.

Die inneren Organe füllen den Rumpf.

Eindrücke vom Leben

Die Fotografien in diesem Buch nutzen den neuesten Stand der Technik. Sie zeigen Körperteile und Details, die du mit eigenen Augen nicht sehen könntest. Computergesteuerte Röntgenaufnahmen wie die auf der rechten Seite enthüllen die komplizierte Gestalt von Knochen und Organen unter der Haut. Die Fotografie unten wurde mit Hilfe eines Elektronenmikroskops aufgenommen. Damit lassen sich sogar die winzigen Zellen darstellen.

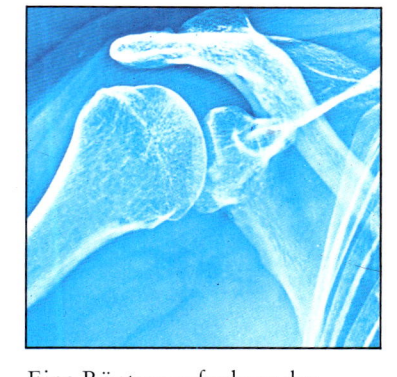

Mikroskopische Fotografie eines Glomerulums, einer winzigen Kugel aus Kapillaren im Inneren der Niere

Eine Röntgenaufnahme des Schultergelenks zeigt, wie der rundliche Kopf des Oberarmknochens in eine schüsselförmige Höhle des Schulterblattes paßt.

Knochen sorgen für Stabilität, Fett und Haut umhüllen und schützen den gesamten Körperinhalt.

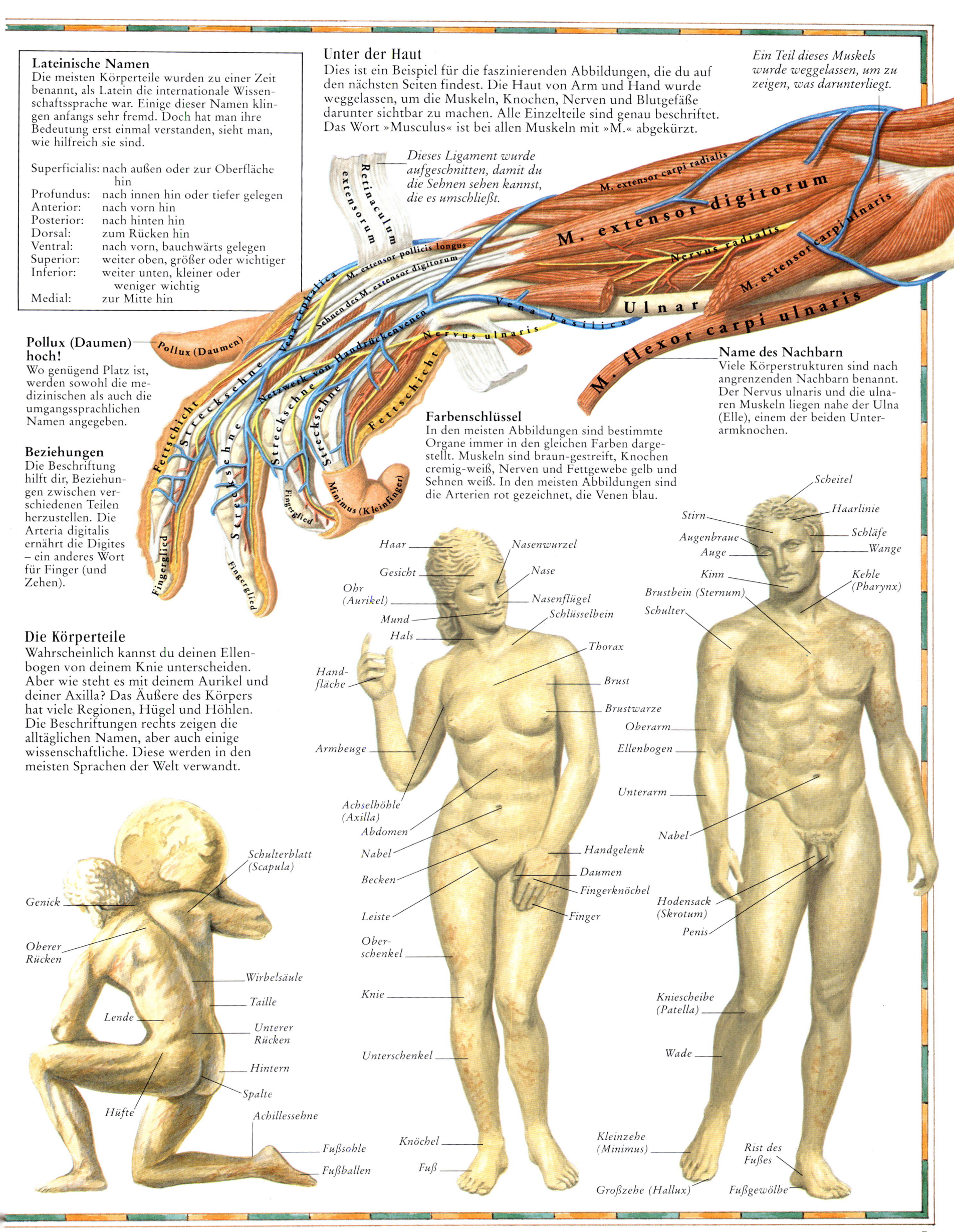

Lateinische Namen

Die meisten Körperteile wurden zu einer Zeit benannt, als Latein die internationale Wissenschaftssprache war. Einige dieser Namen klingen anfangs sehr fremd. Doch hat man ihre Bedeutung erst einmal verstanden, sieht man, wie hilfreich sie sind.

Superficialis: nach außen oder zur Oberfläche hin
Profundus: nach innen hin oder tiefer gelegen
Anterior: nach vorn hin
Posterior: nach hinten hin
Dorsal: zum Rücken hin
Ventral: nach vorn, bauchwärts gelegen
Superior: weiter oben, größer oder wichtiger
Inferior: weiter unten, kleiner oder weniger wichtig
Medial: zur Mitte hin

Pollux (Daumen) hoch!

Wo genügend Platz ist, werden sowohl die medizinischen als auch die umgangssprachlichen Namen angegeben.

Beziehungen

Die Beschriftung hilft dir, Beziehungen zwischen verschiedenen Teilen herzustellen. Die Arteria digitalis ernährt die Digites – ein anderes Wort für Finger (und Zehen).

Die Körperteile

Wahrscheinlich kannst du deinen Ellenbogen von deinem Knie unterscheiden. Aber wie steht es mit deinem Aurikel und deiner Axilla? Das Äußere des Körpers hat viele Regionen, Hügel und Höhlen. Die Beschriftungen rechts zeigen die alltäglichen Namen, aber auch einige wissenschaftliche. Diese werden in den meisten Sprachen der Welt verwandt.

Unter der Haut

Dies ist ein Beispiel für die faszinierenden Abbildungen, die du auf den nächsten Seiten findest. Die Haut von Arm und Hand wurde weggelassen, um die Muskeln, Knochen, Nerven und Blutgefäße darunter sichtbar zu machen. Alle Einzelteile sind genau beschriftet. Das Wort »Musculus« ist bei allen Muskeln mit »M.« abgekürzt.

Dieses Ligament wurde aufgeschnitten, damit du die Sehnen sehen kannst, die es umschließt.

Ein Teil dieses Muskels wurde weggelassen, um zu zeigen, was darunterliegt.

Farbenschlüssel

In den meisten Abbildungen sind bestimmte Organe immer in den gleichen Farben dargestellt. Muskeln sind braun-gestreift, Knochen cremig-weiß, Nerven und Fettgewebe gelb und Sehnen weiß. In den meisten Abbildungen sind die Arterien rot gezeichnet, die Venen blau.

Name des Nachbarn

Viele Körperstrukturen sind nach angrenzenden Nachbarn benannt. Der Nervus ulnaris und die ulnaren Muskeln liegen nahe der Ulna (Elle), einem der beiden Unterarmknochen.

5

Körpersysteme

Millionen von Zellen in deinem Körper bilden die einzelnen Gewebe, spezielle Zellgruppen, die für eine bestimmte Aufgabe verantwortlich sind. Gruppen von mehreren Gewebearten bilden die wesentlichen Körperteile, die Organe. Mehrere Organe, die in Zusammenarbeit eine bestimmte Pflicht erfüllen, nennt man ein Körpersystem.

Beim Lesen dieses Buches benutzt du z. B. deine Augen, die ein wichtiger Teil deines sensorischen Systems sind. Sie tasten die Bilder und Worte ab und melden die Informationen augenblicklich dem Gehirn, dem zentralen Organ deines Nervensystems. Zur selben Zeit erfüllen andere Körperorgane all die Aufgaben, die dich am Leben erhalten. Dein Herz und deine Blutgefäße bilden das Kreislaufsystem, das Blut durch den Körper transportiert. Die Lungen sind der wesentliche Teil deines Atmungssystems, das für den Sauerstoffaustausch verantwortlich ist.

Obwohl jedes System eine klar getrennte Pflicht erfüllt, ist keines vom anderen unabhängig. Erst durch ihre Zusammenarbeit kann dein Körper seinen vielfältigen Aufgaben nachkommen.

Die wesentlichen Körpersysteme

Deine wichtigsten Körpersysteme werden auf den nächsten vier Seiten dargestellt. In einigen Systemen liegen die Teile nah beieinander. Die Organe des Verdauungstraktes z. B. befinden sich alle in der Bauchhöhle. Im Kreislaufsystem dagegen sind die einzelnen Teile, in diesem Falle die Blutgefäße, über den ganzen Körper verteilt.

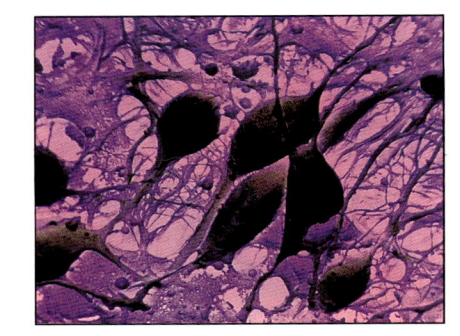

Dies sind Nervenzellen, die sich zu einem Gewebe vereinen, aus dem die Organe des Nervensystems aufgebaut sind.

Das Zellinnere

Zellen sind die mikroskopisch kleinen Bauteile deines Körpers. Du hast mehr als 50 000 Millionen davon. Sie formen deine Knochen, Muskeln, Nerven, Haut, Blut und andere Organe sowie das Körpergewebe. Die Zeichnung unten zeigt eine »typische« Zelle. Sie wurde durchgeschnitten, um die noch kleineren Teile im Inneren, die Organellen, darzustellen. Ähnliche Zellen wie die unten abgebildeten gibt es nur in wenigen Körperteilen, so in der Leber. In den meisten anderen Teilen haben die Zellen eine andere Größe und Form, ihren speziellen Aufgaben angepaßt.

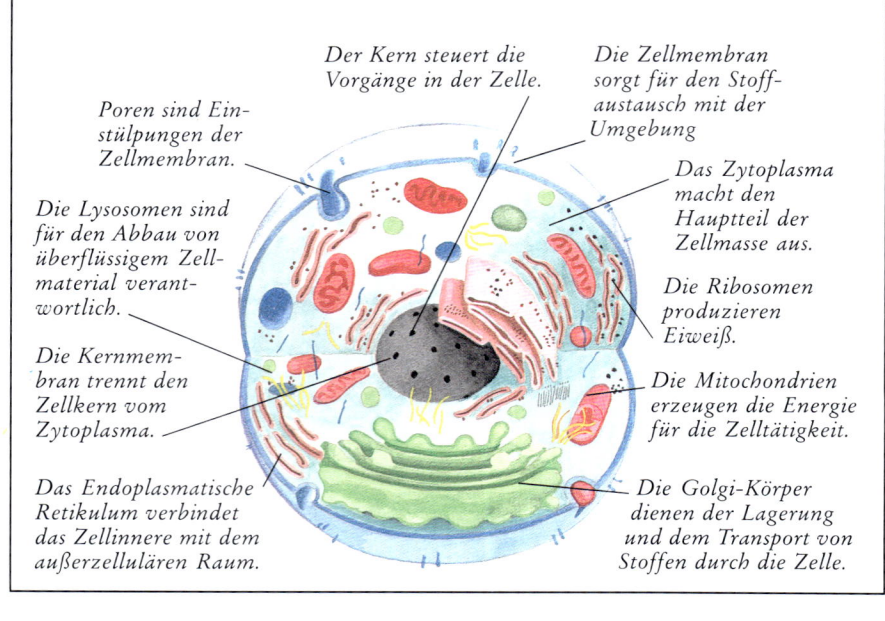

Poren sind Einstülpungen der Zellmembran.

Die Lysosomen sind für den Abbau von überflüssigem Zellmaterial verantwortlich.

Die Kernmembran trennt den Zellkern vom Zytoplasma.

Das Endoplasmatische Retikulum verbindet das Zellinnere mit dem außerzellulären Raum.

Der Kern steuert die Vorgänge in der Zelle.

Die Zellmembran sorgt für den Stoffaustausch mit der Umgebung

Das Zytoplasma macht den Hauptteil der Zellmasse aus.

Die Ribosomen produzieren Eiweiß.

Die Mitochondrien erzeugen die Energie für die Zelltätigkeit.

Die Golgi-Körper dienen der Lagerung und dem Transport von Stoffen durch die Zelle.

Das Skelett-System

Vom Scheitel bis zu den Zehenspitzen haben deine Knochen eine lebenswichtige Stützfunktion für die weicheren Körperteile. Dein Skelett besteht aus 206 Knochen, die durch Gelenke miteinander verbunden sind. Sie bilden einen starken und doch biegsamen Rahmen, der durch die Muskeln bewegt wird. Einige Knochen umgeben und schützen empfindliche Organe. Der Schädel umfaßt dein Gehirn, die Rippen umschließen dein Herz und deine Lunge.

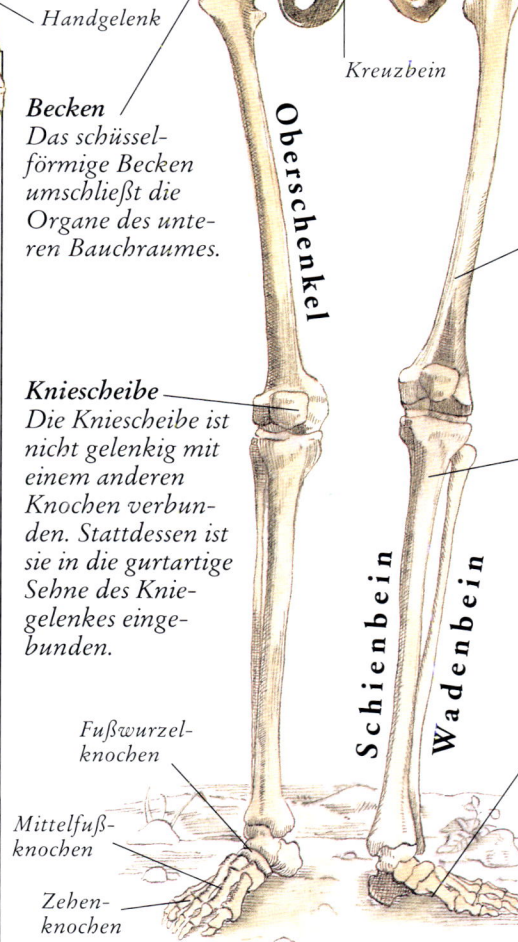

Schädel

Unterkiefer

Schulterblatt

Rippengürtel

Halswirbelsäule

Wirbelsäule

Oberarm

Ellenbogengelenk

Speiche

Elle

Becken

Handgelenk

Oberschenkel

Kreuzbein

Becken
Das schüsselförmige Becken umschließt die Organe des unteren Bauchraumes.

Schienbein

Wadenbein

Fußwurzelknochen

Mittelfußknochen

Zehenknochen

Schädelgehäuse
Die 29 Knochen deines Schädels und Gesichtes bilden ein Gehäuse für Gehirn, Augen und Ohren.

Rippengürtel
Die 24 gekrümmten Knochen des Rippengürtels schützen dein Herz und deine Lunge.

Oberarm
Der lange Knochen zwischen Schulter und Ellenbogengelenk heißt Oberarmknochen.

Speiche und Elle
Die Speiche, auf der Daumenseite des Unterarmes gelegen, und die Elle überkreuzen sich, wenn du dein Handgelenk verdrehst.

Handwurzelknochen

Mittelhandknochen

Fingerknochen

Lang und stark
Der Oberschenkelknochen ist der längste Knochen des Körpers und einer der stabilsten.

Kniescheibe
Die Kniescheibe ist nicht gelenkig mit einem anderen Knochen verbunden. Stattdessen ist sie in die gurtartige Sehne des Kniegelenkes eingebunden.

Schienbein und Wadenbein
Als Ansatzpunkt für deine starke Unterschenkelmuskulatur dienen zwei Knochen: das dickere Schienbein und sein dünnerer Partner, das Wadenbein.

Fußknochen
Die 26 Knochen deines Fußes bilden ein Gewölbe, das stark genug ist, deinen Körper zu tragen, wenn du stehst.

Das Muskel-System

Es gibt mehr als 600 verschiedene Muskeln in deinem Körper. Sie liefern die Kraft, die du zum Bewegen brauchst. Die meisten sind durch unnachgiebige Stränge, den Sehnen, mit Knochen oder mit anderen Muskeln verbunden. Außerdem verfügen manche Körperorgane wie Herz, Darm und Blase über ihre eigene Muskulatur. Im Gegensatz zu den Knochen, die oft alltägliche Namen haben, kennt man die meisten Muskeln nur unter wissenschaftlichen Namen. Diese »verdrehen« häufig den beweglichsten aller Muskeln – deine Zunge! In diesem Buch ist bei allen Muskeln das erste Wort »Musculus« mit einem »M.« abgekürzt.

Das Integument-System

Integument ist der wissenschaftliche Name für Haut, Haare, Nägel und andere deinen Körper bedeckende Teile. Die Oberfläche der Haut besteht aus toten, verhärteten Zellen. Wenn du dich bewegst, Kleider trägst oder dich wäscht, werden sie abgeschliffen. Doch gleich unter der Oberfläche ist die Haut sehr lebendig und fleißig. Ihre Zellen vermehren sich jede Sekunde, um die verbrauchten zu ersetzen.

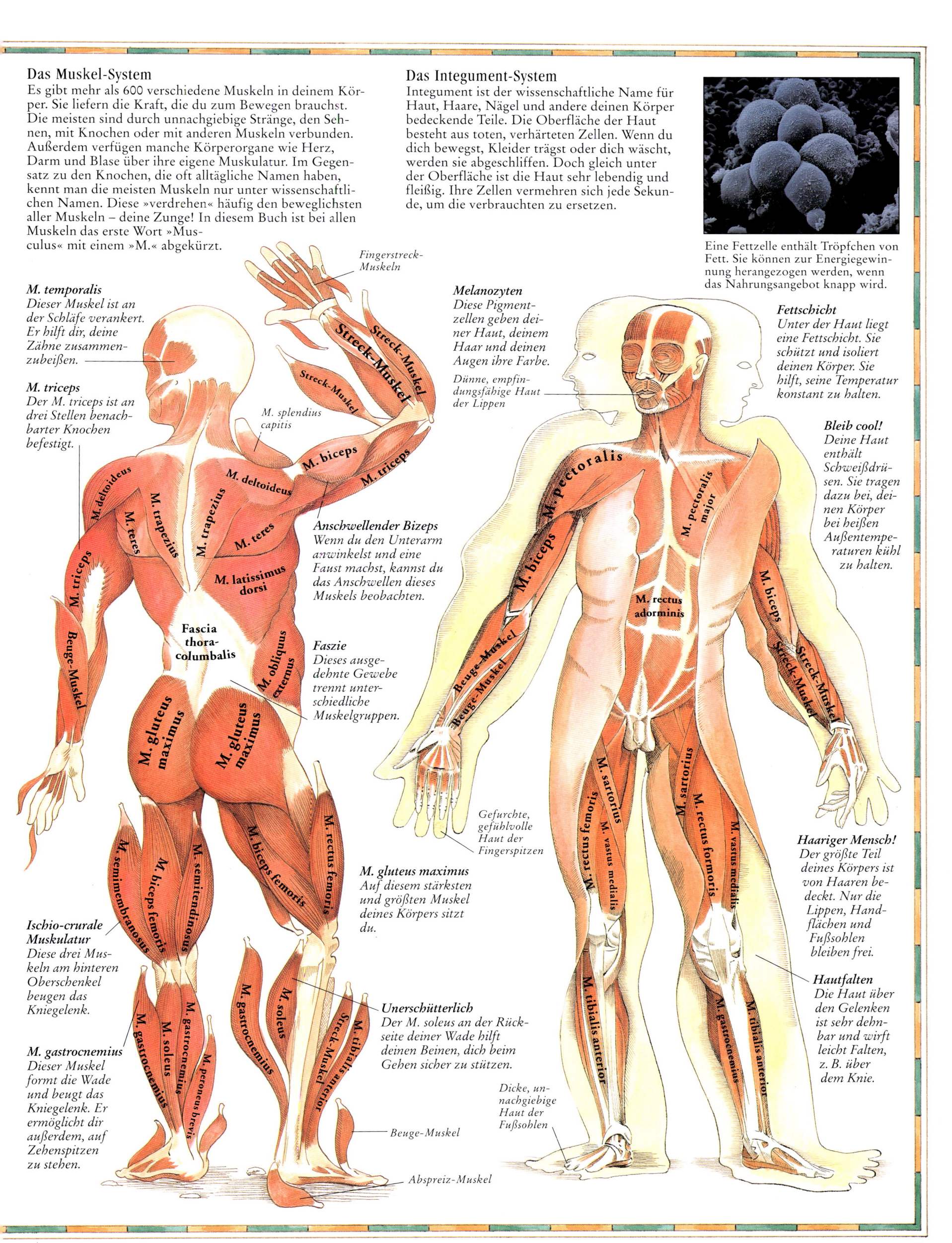

Eine Fettzelle enthält Tröpfchen von Fett. Sie können zur Energiegewinnung herangezogen werden, wenn das Nahrungsangebot knapp wird.

M. temporalis
Dieser Muskel ist an der Schläfe verankert. Er hilft dir, deine Zähne zusammenzubeißen.

M. triceps
Der M. triceps ist an drei Stellen benachbarter Knochen befestigt.

Anschwellender Bizeps
Wenn du den Unterarm anwinkelst und eine Faust machst, kannst du das Anschwellen dieses Muskels beobachten.

Faszie
Dieses ausgedehnte Gewebe trennt unterschiedliche Muskelgruppen.

M. gluteus maximus
Auf diesem stärksten und größten Muskel deines Körpers sitzt du.

Ischio-crurale Muskulatur
Diese drei Muskeln am hinteren Oberschenkel beugen das Kniegelenk.

M. gastrocnemius
Dieser Muskel formt die Wade und beugt das Kniegelenk. Er ermöglicht dir außerdem, auf Zehenspitzen zu stehen.

Unerschütterlich
Der M. soleus an der Rückseite deiner Wade hilft deinen Beinen, dich beim Gehen sicher zu stützen.

Melanozyten
Diese Pigmentzellen geben deiner Haut, deinem Haar und deinen Augen ihre Farbe.

Dünne, empfindungsfähige Haut der Lippen

Fettschicht
Unter der Haut liegt eine Fettschicht. Sie schützt und isoliert deinen Körper. Sie hilft, seine Temperatur konstant zu halten.

Bleib cool!
Deine Haut enthält Schweißdrüsen. Sie tragen dazu bei, deinen Körper bei heißen Außentemperaturen kühl zu halten.

Haariger Mensch!
Der größte Teil deines Körpers ist von Haaren bedeckt. Nur die Lippen, Handflächen und Fußsohlen bleiben frei.

Hautfalten
Die Haut über den Gelenken ist sehr dehnbar und wirft leicht Falten, z. B. über dem Knie.

Gefurchte, gefühlvolle Haut der Fingerspitzen

Dicke, unnachgiebige Haut der Fußsohlen

Fingerstreck-Muskeln

Streck-Muskel

Streck-Muskel

M. splendius capitis

M. biceps

M. triceps

M. deltoideus

M. deltoideus

M. trapezius

M. trapezius

M. teres

M. teres

M. triceps

M. latissimus dorsi

Fascia thoraco-columbalis

M. obliquus externus

Beuge-Muskel

M. gluteus maximus

M. gluteus maximus

M. semimembranosus

M. biceps femoris

M. semitendinosus

M. biceps femoris

M. rectus femoris

M. gastrocnemius

M. soleus

M. soleus

M. gastrocnemius

M. peroneus brevis

M. soleus

M. gastrocnemius

M. tibialis anterior

Streck-Muskel

Beuge-Muskel

Abspreiz-Muskel

M. pectoralis

M. pectoralis major

M. biceps

M. rectus adorminis

M. biceps

Beuge-Muskel

Streck-Muskel

M. sartorius

M. sartorius

M. rectus femoris

M. vastus medialis

M. rectus formoris

M. vastus medialis

M. tibialis anterior

M. tibialis anterior

M. gastrocnemius

7

Körpersysteme (Fortsetzung)

Dein Körper benötigt für seine Arbeit eine dauernde Versorgung mit Energie. Dein Verdauungs- und dein Atmungs-System liefern Brennstoff und Sauerstoff an das Blut. Der Kreislauf und das lymphatische System bringen diese Stoffe zu den Zellen. Alle Vorgänge werden vom Nervensystem und vom endokrinen System aufeinander abgestimmt und kontrolliert.

Kreislauf-System

Dein Herz pumpt frisches, sauerstoffreiches Blut durch Röhren, Arterien genannt, in alle Teile deines Körpers. Sie verzweigen sich in dünne Kapillaren, aus denen das Blut Sauerstoff und Nährstoffe an die Gewebe abgibt und Abfallprodukte aufnimmt. Röhren, die als Venen bezeichnet werden, bringen das gebrauchte Blut zurück zum Herzen.

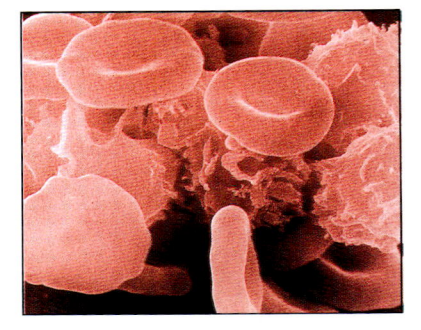

Die Vergrößerung zeigt pfannkuchenförmige rote Blutzellen, die Sauerstoff transportieren, und klumpenförmige weiße, die der Abwehr von Krankheitserregern dienen.

Nerven-System und endokrines System

Das Nerven-System verbindet den gesamten Körper mit seinem obersten Kontrollzentrum, dem Gehirn. Sensorische Nerven überbringen Signale aus deinen Sinnesorganen an das Gehirn. Sobald das Gehirn entschieden hat, was zu tun ist, schickt es über die motorischen Nerven Botschaften zu deiner Muskulatur. Dieses System arbeitet eng mit dem endokrinen System zusammen, das chemische Botenstoffe einsetzt, die Hormone. Viele Vorgänge in deinem Körper werden so überwacht, z. B. Wachstum und Entwicklung.

Sensorische Signale
Über die Hauptsinnesorgane erhält das Gehirn Informationen von außen.

Auge und Sehnerv

Gehirn

Schilddrüse
Diese Drüse hilft bei der Regulierung des Körperwachstums.

Hypophyse
Sie liegt an der Unterseite des Gehirns und gibt Hormone frei, die andere Drüsen überwachen.

Arteria carotis
Durch diese Arterie fließt das Blut zum Gehirn.

Aorta
Sie bringt frisches Blut vom Herzen in den ganzen Körper.

Vena jugularis
Sie verläuft in der Tiefe des Halses und bringt Blut aus dem Kopf zurück zum Herzen.

Thorakal-Nerven

Rückenmark

Nebenniere
Bei Wut oder Angst teilen diese Drüsen deinem Körper mit, daß er sich zum Handeln bereit machen soll.

Bauchspeicheldrüse

Lumbal-Nerven

Sakral-Nerven

Herz

Herz
Diese muskulöse, zweigeteilte Pumpe ist der Motor für den Blutkreislauf.

Hohlvene
Das verbrauchte Blut fließt aus den Körperorganen über die Hohlvene zum Herzen zurück.

Der Geschmackssinn

Deine Zunge ist ein außergewöhnlich beweglicher Muskel. Du kannst z. B. Nahrungsmittel schmecken oder sie beim Kauen durch die Mundhöhle schieben. Die rauhe Zungenoberfläche ist mit kleinen Ausstülpungen bedeckt, den Papillen. Auf und zwischen diesen sind mikroskopisch kleine pilzförmige Bündel von Zellen angeordnet, die Geschmacksknospen. Sie erfassen den Geschmack der Nahrung und senden Signale zum Geschmackszentrum in deinem Gehirn. Auch wenn du viele Geschmacksrichtungen magst, können diese Knospen doch nur vier grundlegende erfassen: süß, salzig, bitter und sauer.

Der Kehldeckel überdeckt den Eingang zur Luftröhre, wenn du schluckst.

Zungen- und Gaumenmandeln enthalten keimtötende Zellen.

Kehldeckel

Gaumenmandel

Zungenmandel

Bitter

Der Hintergrund erkennt den bitteren Geschmack, die seitlichen Zungenanteile den sauren.

Sauer

Salzig

Sauer

Salzig

Hier wird salziger Geschmack erkannt.

Süß

Zungenspitze

Die Zungenspitze meldet den süßen Geschmack.

Tastsinn
Der Tastsinn in deinen Fingerspitzen schließt Berührung, Wärme, Kälte und Schmerz ein.

Arteria femoralis zum Bein

Motorische Nerven überwachen die Muskeln der unteren Körperteile.

Muskelpumpe
Die massierenden Bewegungen, die beim Gebrauch der Wadenmuskulatur entstehen, tragen dazu bei, das Blut gegen die Schwerkraft aus den Unterschenkeln nach oben zu befördern.

Venae perforantes in der Wadenmuskulatur

Zehen-Nerven
Sensorische Nerven erstrecken sich bis in deine Zehenspitzen. Sie teilen es dir mit, wenn du deine Zehen gestoßen hast.

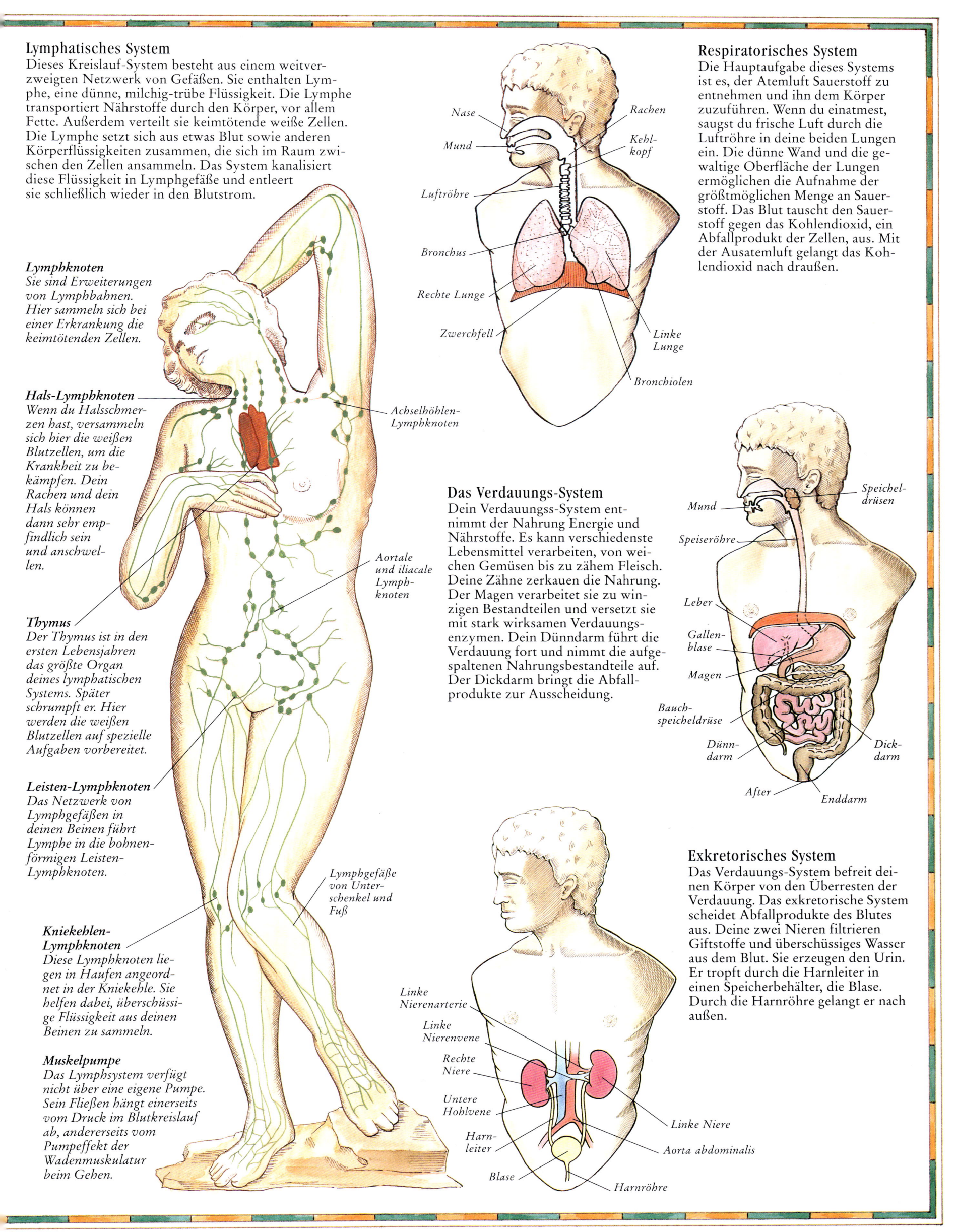

Lymphatisches System

Dieses Kreislauf-System besteht aus einem weitverzweigten Netzwerk von Gefäßen. Sie enthalten Lymphe, eine dünne, milchig-trübe Flüssigkeit. Die Lymphe transportiert Nährstoffe durch den Körper, vor allem Fette. Außerdem verteilt sie keimtötende weiße Zellen. Die Lymphe setzt sich aus etwas Blut sowie anderen Körperflüssigkeiten zusammen, die sich im Raum zwischen den Zellen ansammeln. Das System kanalisiert diese Flüssigkeit in Lymphgefäße und entleert sie schließlich wieder in den Blutstrom.

Lymphknoten
Sie sind Erweiterungen von Lymphbahnen. Hier sammeln sich bei einer Erkrankung die keimtötenden Zellen.

Hals-Lymphknoten
Wenn du Halsschmerzen hast, versammeln sich hier die weißen Blutzellen, um die Krankheit zu bekämpfen. Dein Rachen und dein Hals können dann sehr empfindlich sein und anschwellen.

Thymus
Der Thymus ist in den ersten Lebensjahren das größte Organ deines lymphatischen Systems. Später schrumpft er. Hier werden die weißen Blutzellen auf spezielle Aufgaben vorbereitet.

Leisten-Lymphknoten
Das Netzwerk von Lymphgefäßen in deinen Beinen führt Lymphe in die bohnenförmigen Leisten-Lymphknoten.

Kniekehlen-Lymphknoten
Diese Lymphknoten liegen in Haufen angeordnet in der Kniekehle. Sie helfen dabei, überschüssige Flüssigkeit aus deinen Beinen zu sammeln.

Muskelpumpe
Das Lymphsystem verfügt nicht über eine eigene Pumpe. Sein Fließen hängt einerseits vom Druck im Blutkreislauf ab, andererseits vom Pumpeffekt der Wadenmuskulatur beim Gehen.

Achselhöhlen-Lymphknoten

Aortale und iliacale Lymphknoten

Lymphgefäße von Unterschenkel und Fuß

Respiratorisches System

Die Hauptaufgabe dieses Systems ist es, der Atemluft Sauerstoff zu entnehmen und ihn dem Körper zuzuführen. Wenn du einatmest, saugst du frische Luft durch die Luftröhre in deine beiden Lungen ein. Die dünne Wand und die gewaltige Oberfläche der Lungen ermöglichen die Aufnahme der größtmöglichen Menge an Sauerstoff. Das Blut tauscht den Sauerstoff gegen das Kohlendioxid, ein Abfallprodukt der Zellen, aus. Mit der Ausatemluft gelangt das Kohlendioxid nach draußen.

Nase
Mund
Rachen
Kehlkopf
Luftröhre
Bronchus
Rechte Lunge
Zwerchfell
Linke Lunge
Bronchiolen

Das Verdauungs-System

Dein Verdauungss-System entnimmt der Nahrung Energie und Nährstoffe. Es kann verschiedenste Lebensmittel verarbeiten, von weichen Gemüsen bis zu zähem Fleisch. Deine Zähne zerkauen die Nahrung. Der Magen verarbeitet sie zu winzigen Bestandteilen und versetzt sie mit stark wirksamen Verdauungsenzymen. Dein Dünndarm führt die Verdauung fort und nimmt die aufgespaltenen Nahrungsbestandteile auf. Der Dickdarm bringt die Abfallprodukte zur Ausscheidung.

Mund
Speicheldrüsen
Speiseröhre
Leber
Gallenblase
Magen
Bauchspeicheldrüse
Dünndarm
Dickdarm
After
Enddarm

Exkretorisches System

Das Verdauungs-System befreit deinen Körper von den Überresten der Verdauung. Das exkretorische System scheidet Abfallprodukte des Blutes aus. Deine zwei Nieren filtern Giftstoffe und überschüssiges Wasser aus dem Blut. Sie erzeugen den Urin. Er tropft durch die Harnleiter in einen Speicherbehälter, die Blase. Durch die Harnröhre gelangt er nach außen.

Linke Nierenarterie
Linke Nierenvene
Rechte Niere
Untere Hohlvene
Harnleiter
Blase
Harnröhre
Linke Niere
Aorta abdominalis

Kopf und Hals

Viele deiner geistigen und körperlichen Wesensmerkmale – dein Lachen oder deine Augen – nehmen im Kopf ihren Ursprung. Direkt unter der Oberfläche liegt der Schädelknochen. Er bildet eine harte Schale für das Gehirn, das Nervenzentrum deines Körpers. Diese kompliziert aufgebaute Ansammlung von Zellen macht es dir möglich zu sprechen, zu denken und zu lernen. Auch dein Geruchs-, Gehör- und Tastsinn sowie dein Sehvermögen liegen in diesem Körperorgan. Würde man die Haut, das Fettgewebe und die Muskeln von Kopf und Hals abnehmen, so könntest du das hier Abgebildete sehen. Die Vorderseite deines Kopfes ist eine Ansammlung von über 30 Muskeln, die der Kontrolle von Augen, Gesicht und Mund dienen.

Weiter unten findest du die Muskeln, die den Hals beugen und drehen, und die großen Blutgefäße, die den Kopf mit dem Herzen verbinden.

Arterien und Venen

Die Arteria carotis führt Blut zum Gehirn. Die innere Vena jugularis bringt den größten Teil dieses Blutes zurück zum Herzen. Die äußere Vena jugularis leitet Blut aus den Muskeln und der Gesichtshaut ab. Bei Menschen und Tieren liegen diese Gefäße sehr nahe an der Oberfläche des Halses. Somit sind sie leicht verwundbar. Bei einer Verletzung dieser Gefäße kann die lebenswichtige Blutversorgung des Gehirns unterbrochen werden.

Muskelfläche

Der M. occipitofrontalis ist eine Muskelfläche, die den Schädel einhüllt. Sein vorderer Teil, der M. frontalis, hilft beim Stirnrunzeln und hebt die Augenbrauen. Sein hinterer Teil, der M. occipitalis, zieht die Kopfhaut nach hinten.

Nasenmuskel

Dein Nasenmuskel hat zwei Teile. Wenn du deine Nasenflügel aufbläßt, gebrauchst du die pars alaris, die seitwärts verläuft. Wenn du deine Nase rümpfst, gebrauchst du die pars transversalis, die schräg verläuft.

Vena facialis

Sie transportiert das Blut der oberen Gesichtshälfte. Sie verläuft seitlich entlang der Nase am unteren Augenrand.

Labels on main illustration: Fettschicht (unter der Haut), Muskelfläche (M. occipitofrontalis), Dura, Arachnoidea, Schädelknochen, Pia mater (bedeckt), Lidmuskel, Auge, Vena facialis, Vena angularis, Nasenmuskel, Arteria facialis, Nasenhöhle, Kleiner Wangenmuskel, Großer Wangenmuskel, Jochbein, Oberlippe, Harter Gaumen, Unterkiefer, Zunge, Unterlippe, Zungenwurzel, M. masseter, Zungenbein, Kehldeckel, Membran, Schild-Knorpel, Ringknorpel, Stimmbänder, Unterkiefermuskel, Zungenbein, Halsmuskel, Luftröhren-Knorpel, Luftröhren-Membran

Die Stimmbänder

Die Stimmbänder brauchst du zum Sprechen und Singen. Sie liegen im Kehlkopf, der aus Knorpel- und Muskelgewebe geformt ist. Du kannst den Kehlkopf fühlen, wenn du von vorn gegen den Hals drückst und dabei schluckst. Die Stimmbänder bestehen aus Strängen von festem, aber elastischem Gewebe. Dieses ist von einer zarten Membran bedeckt. Die Stimmbänder werden von Muskeln im Kehlkopf bewegt. Tiefe Töne erzeugen sie im entspannten Zustand, hohe im straff angespannten. Auf den Bildern unten sind die Stimmbänder so dargestellt, wie der Arzt sie sieht, wenn er mit einem Laryngoskop in den Kehlkopf schaut.

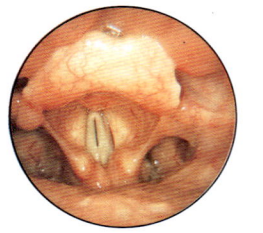

Beim Sprechen liegen die Stimmbänder eng aneinander.

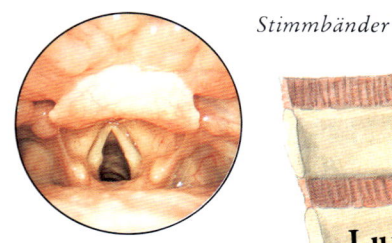

Beim Einatmen entspannen sie sich und weichen auseinander.

Bei der Ausatmung fließt die Luft aus den Lungen durch die Luftröhre, die hier aufgeschnitten dargestellt wird. Dabei versetzt sie die Stimmbänder in Schwingungen. So werden die Töne deiner Stimme erzeugt.

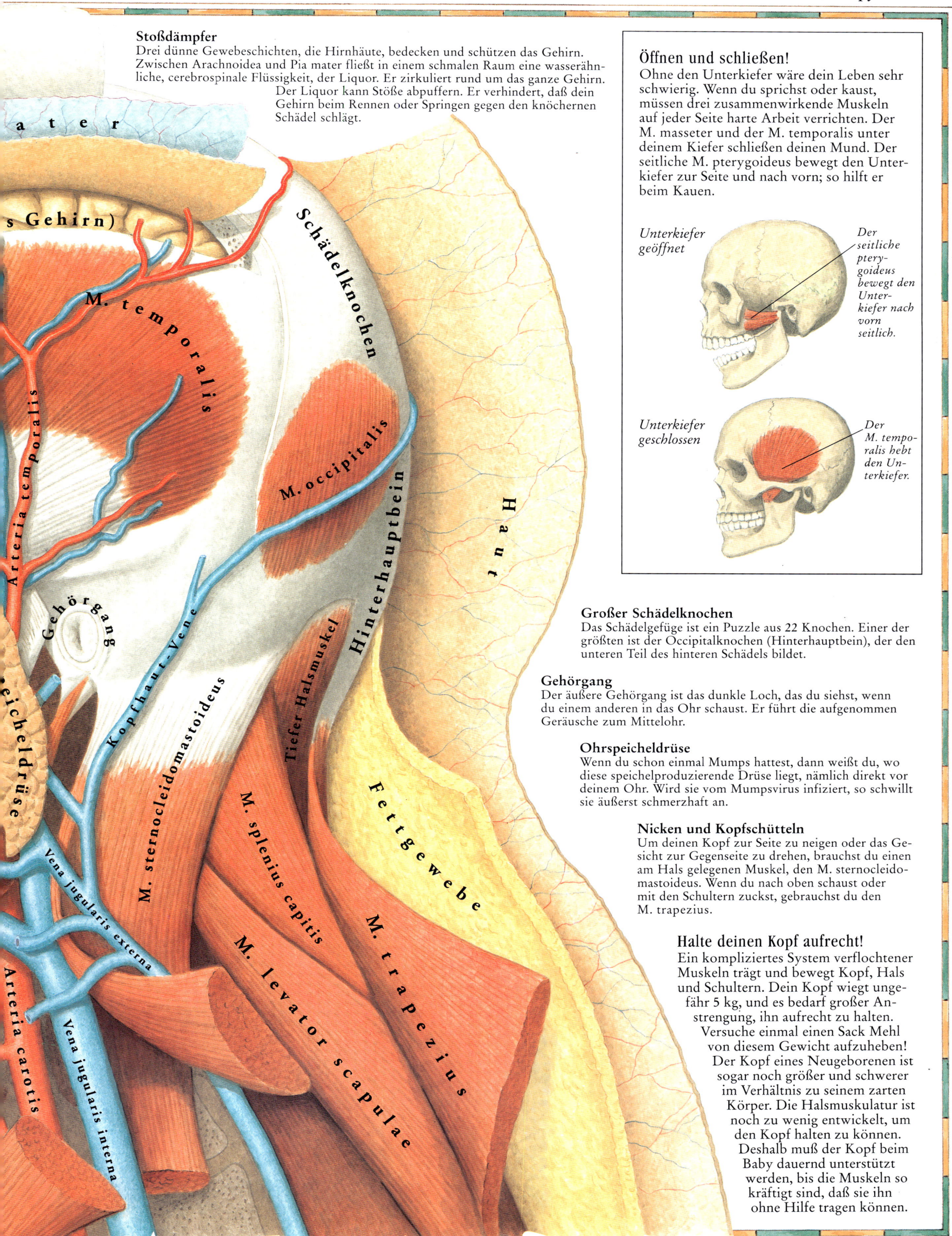

Stoßdämpfer

Drei dünne Gewebeschichten, die Hirnhäute, bedecken und schützen das Gehirn. Zwischen Arachnoidea und Pia mater fließt in einem schmalen Raum eine wasserähnliche, cerebrospinale Flüssigkeit, der Liquor. Er zirkuliert rund um das ganze Gehirn. Der Liquor kann Stöße abpuffern. Er verhindert, daß dein Gehirn beim Rennen oder Springen gegen den knöchernen Schädel schlägt.

Öffnen und schließen!

Ohne den Unterkiefer wäre dein Leben sehr schwierig. Wenn du sprichst oder kaust, müssen drei zusammenwirkende Muskeln auf jeder Seite harte Arbeit verrichten. Der M. masseter und der M. temporalis unter deinem Kiefer schließen deinen Mund. Der seitliche M. pterygoideus bewegt den Unterkiefer zur Seite und nach vorn; so hilft er beim Kauen.

Unterkiefer geöffnet

Der seitliche pterygoideus bewegt den Unterkiefer nach vorn seitlich.

Unterkiefer geschlossen

Der M. temporalis hebt den Unterkiefer.

Großer Schädelknochen

Das Schädelgefüge ist ein Puzzle aus 22 Knochen. Einer der größten ist der Occipitalknochen (Hinterhauptbein), der den unteren Teil des hinteren Schädels bildet.

Gehörgang

Der äußere Gehörgang ist das dunkle Loch, das du siehst, wenn du einem anderen in das Ohr schaust. Er führt die aufgenommen Geräusche zum Mittelohr.

Ohrspeicheldrüse

Wenn du schon einmal Mumps hattest, dann weißt du, wo diese speichelproduzierende Drüse liegt, nämlich direkt vor deinem Ohr. Wird sie vom Mumpsvirus infiziert, so schwillt sie äußerst schmerzhaft an.

Nicken und Kopfschütteln

Um deinen Kopf zur Seite zu neigen oder das Gesicht zur Gegenseite zu drehen, brauchst du einen am Hals gelegenen Muskel, den M. sternocleidomastoideus. Wenn du nach oben schaust oder mit den Schultern zuckst, gebrauchst du den M. trapezius.

Halte deinen Kopf aufrecht!

Ein kompliziertes System verflochtener Muskeln trägt und bewegt Kopf, Hals und Schultern. Dein Kopf wiegt ungefähr 5 kg, und es bedarf großer Anstrengung, ihn aufrecht zu halten. Versuche einmal einen Sack Mehl von diesem Gewicht aufzuheben! Der Kopf eines Neugeborenen ist sogar noch größer und schwerer im Verhältnis zu seinem zarten Körper. Die Halsmuskulatur ist noch zu wenig entwickelt, um den Kopf halten zu können. Deshalb muß der Kopf beim Baby dauernd unterstützt werden, bis die Muskeln so kräftig sind, daß sie ihn ohne Hilfe tragen können.

Der Schädel

Dein Gesicht verrät den anderen Menschen etwas über dich – wie du dich fühlst oder in welcher Stimmung du bist. Hier liegen aber auch bestimmte Organe wie Augen, Ohren, Nase und Mund, die dir etwas über die Außenwelt mitteilen. Unter der Oberfläche deines Gesichtes befindet sich ein Netzwerk von Muskeln, Nerven, Blutgefäßen und sensorischen Organen. Sie alle sind um den stabilen Rahmen der Schädelknochen angeordnet.

Dein Schädel besteht aus 22 einzelnen Knochen. Sie sind fest durch Nähte, die Suturen, miteinander verbunden. Acht dieser Knochen formen eine schützende Höhle für dein Gehirn, das Schädeldach. Weitere 14 Knochen geben deinem Gesicht seine Gestalt, vom zarten Tränenbein an der inneren Wand der Augenhöhle bis zum kräftigen Unterkieferknochen. Die kleinsten Knochen deines Körpers liegen im Schädel. Tief in jedem Ohr gibt es drei kleine Gehörknöchelchen, die beim Hören mithelfen. Die behaarte Kopfhaut, auch Skalp genannt, ist ein besonders ausgebildetes Hautgebiet. Sie bedeckt einen großen Teil des oberen, seitlichen und hinteren Schädels. Sie enthält über 100 000 kleine Löcher, die Haarfollikel, aus denen die Haare wachsen.

Die Schädelknochen

Diese seitliche Ansicht zeigt die einzelnen Knochen des Schädels, die so bündig zusammenpassen wie ein Puzzlespiel. Die Schädelknochen umschließen und schützen die Hauptsinnesorgane und das Gehirn. Das Schläfenbein enthält die zarten Bestandteile des Innenohres. Sechs Knochen auf jeder Seite der Nase formen eine tiefe Schüssel, die Augenhöhle. Die olfaktorischen Organe, die du zum Riechen brauchst, befinden sich in der Nasenhöhle hinter dem Nasenbein.

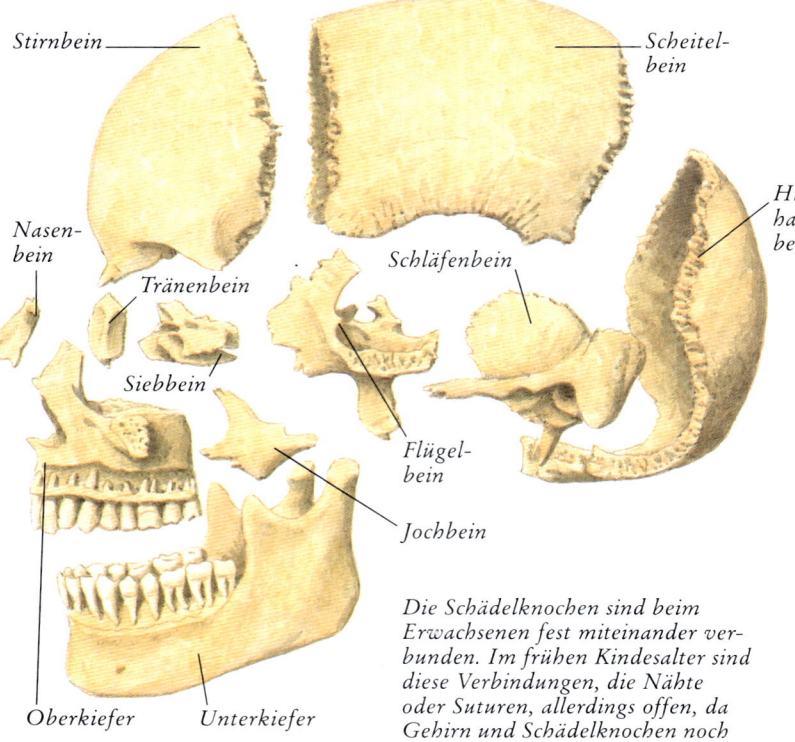

Stirnbein
Scheitelbein
Nasenbein
Tränenbein
Siebbein
Schläfenbein
Hinterhauptbein
Flügelbein
Jochbein
Oberkiefer
Unterkiefer

Die Schädelknochen sind beim Erwachsenen fest miteinander verbunden. Im frühen Kindesalter sind diese Verbindungen, die Nähte oder Suturen, allerdings offen, da Gehirn und Schädelknochen noch wachsen.

Vena facialis

Ein System von kleinen Venen sammelt das Blut aus der oberen Kopfhaut und entleert sie in die Vena facialis. Die Haut über dem Schädel und dem Gesicht ist sehr reich an Blutgefäßen. Das ist der Grund dafür, daß ein Schnitt in der Kopfhaut so stark blutet.

Hautdicke

Deine Haut ist nicht überall gleich dick. Am dünnsten ist die Haut der Augenlider.

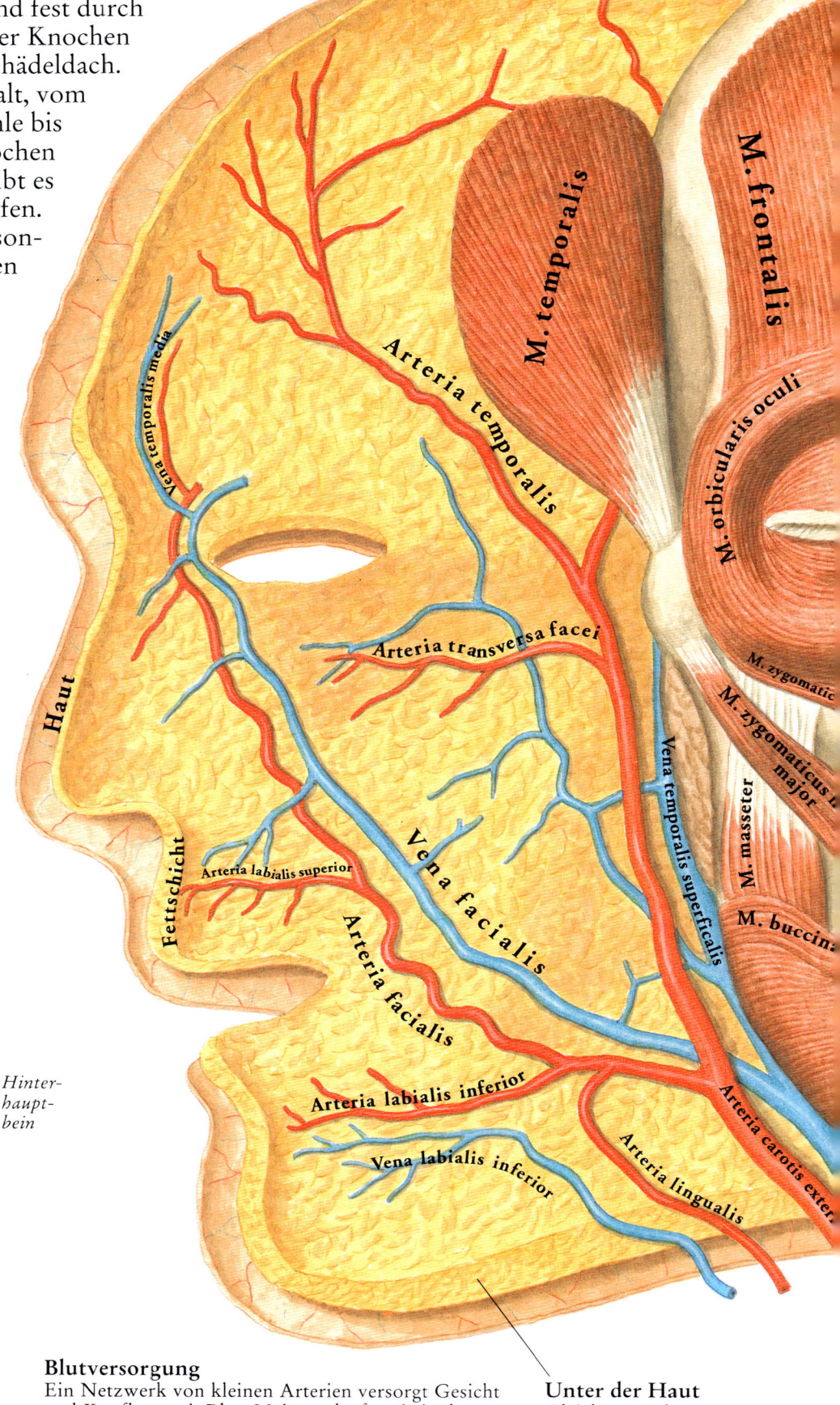

Vena temporalis media
M. temporalis
M. frontalis
Arteria temporalis
M. orbicularis oculi
Haut
Arteria transversa facei
M. zygomatic
M. zygomaticus major
Vena temporalis superficialis
M. masseter
M. buccin
Fettschicht
Arteria labialis superior
Vena facialis
Arteria facialis
Arteria labialis inferior
Arteria carotis exter
Vena labialis inferior
Arteria lingualis

Blutversorgung

Ein Netzwerk von kleinen Arterien versorgt Gesicht und Kopfhaut mit Blut. Meist verlaufen sie in der Schicht zwischen der Haut und den darunterliegenden Muskeln. Wenn du schwitzt oder verlegen bist, schießt Blut durch diese Arterien, um Wärme an die Umgebung abgeben zu können. Deshalb läuft dein Gesicht für einen Moment rot an – eine Reaktion, die auch Erröten genannt wird.

Unter der Haut

Gleich unter der Haut von Gesicht und Körper liegt eine Schicht aus Fett. Sie dient der Isolation deines Körpers. Deshalb gibt der Körper bei kalten Temperaturen weniger Wärme nach außen ab.

Löcher in deinem Schädel
Viele Schädelknochen haben kleine Löcher, die Foramina. Nerven von Gesichtsmuskeln und Sinnesorganen verlaufen durch sie zum Gehirn. Das Foramen supraorbitale oberhalb des Auges öffnet den Nerven den Weg von der Stirn zum Gehirn.

Im Inneren eines Zahnes
Jeder Zahn hat zwei Teile: eine Krone, die du sehen kannst, und eine Wurzel, die fest im Kieferknochen verankert ist. Die äußere Schicht der Krone besteht aus Zahnschmelz, der härtesten Substanz deines Körpers. Darunter liegt das Dentin, das die Hauptmasse des Zahnes ausmacht. In der innersten Schicht, der Pulpa, verlaufen die Blutgefäße und die Nerven. Sie melden Zahnschmerzen an das Gehirn.

Krone *Schmelz* *Pulpa* *Dentin* *Wurzel* *Nerven und Blutgefäße*

Empfindsame Haut
Die Haut des Kopfes ist reich mit Nerven versehen. Dein Gesicht ist so empfindlich, daß du sogar die Berührung durch eine Fliege spürst. Doch viele Eindrücke, die du als Berührung empfindest, entstehen nicht durch Hautkontakt. Den Wind fühlst du z. B. auf Grund der Bewegungen deiner Haare. Zarte sensorische Nerven an der Wurzel jedes Haares melden die Bewegung dem Gehirn.

Grimassen schneiden
Ungefähr 30 Muskeln bestimmen deinen Gesichtsausdruck, vom freundlichen Lächeln bis zum finsteren Stirnrunzeln. Äste des Nervus facialis überwachen ihre Bewegungen. Sie arbeiten auch dann, wenn dein Gesicht ausdruckslos erscheint.

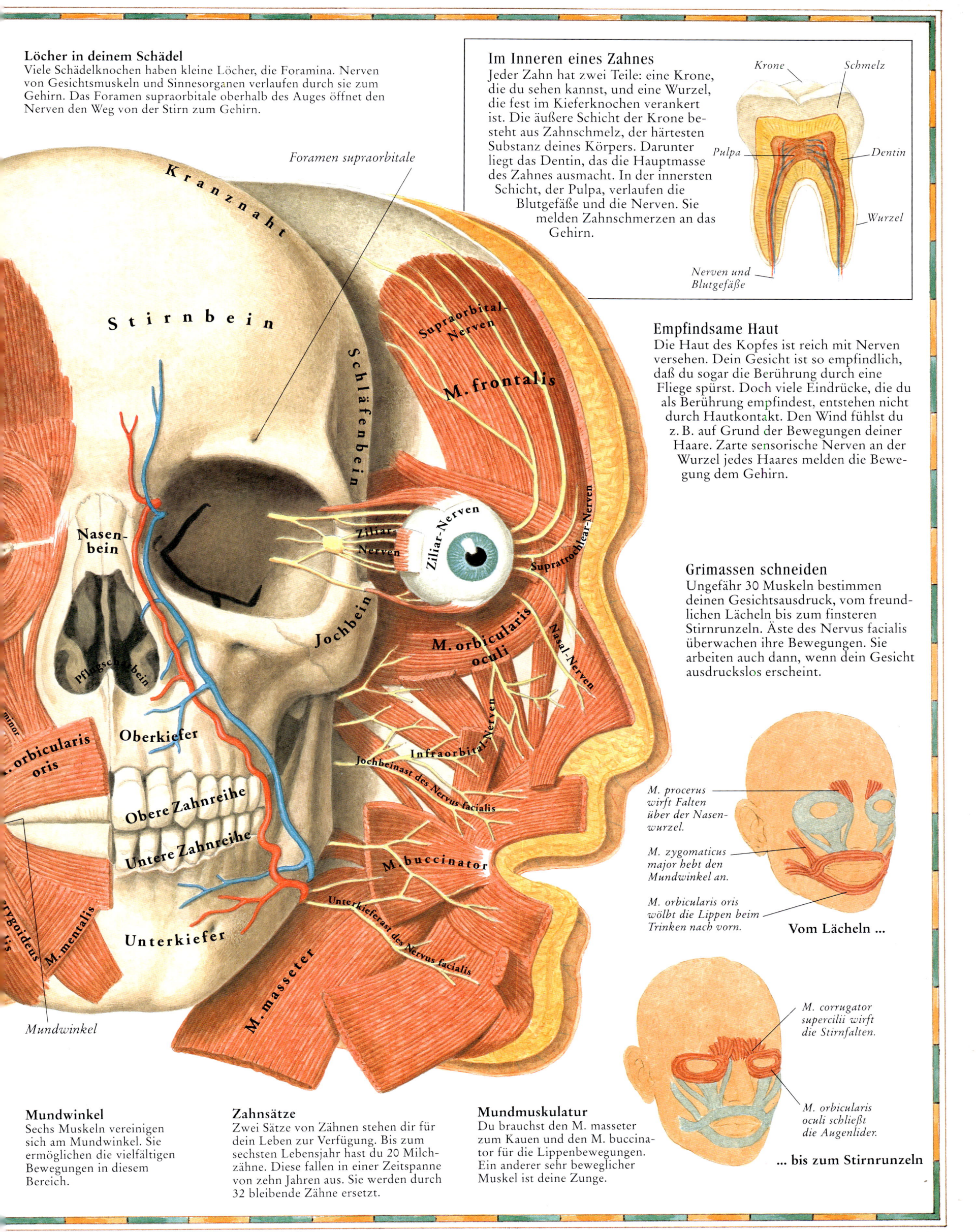

M. procerus wirft Falten über der Nasenwurzel.
M. zygomaticus major hebt den Mundwinkel an.
M. orbicularis oris wölbt die Lippen beim Trinken nach vorn.
Vom Lächeln ...

M. corrugator supercilii wirft die Stirnfalten.
M. orbicularis oculi schließt die Augenlider.
... bis zum Stirnrunzeln

Mundwinkel
Sechs Muskeln vereinigen sich am Mundwinkel. Sie ermöglichen die vielfältigen Bewegungen in diesem Bereich.

Zahnsätze
Zwei Sätze von Zähnen stehen dir für dein Leben zur Verfügung. Bis zum sechsten Lebensjahr hast du 20 Milchzähne. Diese fallen in einer Zeitspanne von zehn Jahren aus. Sie werden durch 32 bleibende Zähne ersetzt.

Mundmuskulatur
Du brauchst den M. masseter zum Kauen und den M. buccinator für die Lippenbewegungen. Ein anderer sehr beweglicher Muskel ist deine Zunge.

Das Gehirn

Das Gehirn ist das Nervenzentrum deines Körpers. Es überwacht deine Bewegungen und sammelt die Informationen, die dir Denken und Lernen ermöglichen. Dein Gehirn wiegt gerade 1,3 kg – etwa soviel wie zwei große Grapefruits. In der Ansicht ähnelt es einer riesigen Walnuß. Das knöcherne Schädeldach umschließt und schützt das Gehirn. Zwischen Knochen und Hirnoberfläche fließt in einem Raum, der von den Hirnhäuten gebildet wird, das Gehirnwasser oder Liquor.

Das Großhirn macht neun Zehntel deiner Hirnmasse aus. Der größte Teil deiner Gedanken und Gefühle entsteht in dieser verwinkelten Struktur. Das Großhirn ist in zwei rundliche Hälften aufgeteilt, die Hemisphären. Sie sind durch eine »Brücke« aus Nervenfasern verbunden, die man Balken oder Corpus callosum nennt. Das verbleibende Zehntel deines Gehirns liegt unterhalb des Großhirns. Es schließt Kleinhirn und Brücke ein und geht als Medulla oblongata in das Rückenmark über.

Lappen

Die Gehirnhälften werden durch mehrere Furchen in fünf Hauptgebiete oder Lappen unterteilt: Präfrontal-, Frontal-, Parietal- (oben), Temporal- (seitlich) und Occipitallappen (hinten). Zwar hat jeder Lappen seine eigene Aufgabe, aber manchmal müssen auch mehrere zusammenarbeiten.

Muskelschicht (M. occipitofrontalis)

Stirnhöhle

Nebenhöhlen

Die Nebenhöhlen sind luftgefüllte Räume in den dicken Schädelknochen. Sie sind durch Öffnungen mit der Nasenhöhle verbunden. Wenn du erkältet bist, füllen sich deine Nebenhöhlen mit Schleim, und du hast ein »verstopftes« Gefühl.

Nasenhöhle

Nervenzentrum

Das Gehirn sendet und empfängt Botschaften über Nerven, die im Rückenmarkskanal verlaufen. Es gibt aber auch zwölf Nervenpaare, die direkt mit dem Gehirn verbunden sind. Sie verzweigen sich in Kopf und Hals und werden Hirnnerven genannt. Der erste Hirnnerv oder Olfactorius dient dem Geruchssinn. Der zweite, Optikus oder Sehnerv genannt, kommt vom Auge und dient dem Sehvermögen.

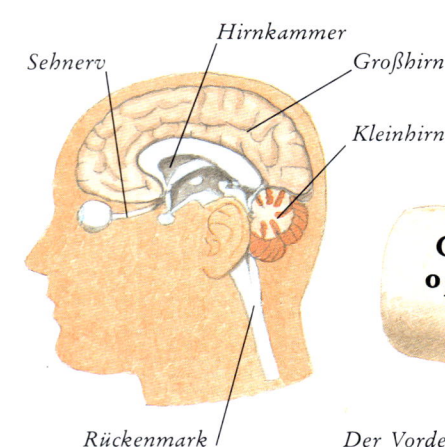

Sehnerv · Hirnkammer · Großhirn · Kleinhirn · Rückenmark

Im Chiasma opticum, nahe dem Hypothalamus, kreuzen und verbinden sich Nervenstränge des Sehnerven.

Chiasma opticum

Der Vorderlappen produziert Hormone.

Vorderlappen

Netzwerk von Blutgefäßen

Hypophysenstiel

Netzwerk von Blutgefäßen

Hinterlappen

Der Stiel verbindet die Hypophyse mit dem Hypothalamus.

Blutgefäße im Stiel transportieren Hormone zur Hypophyse und von ihr weg.

Der Hinterlappen speichert Hormone aus dem Hypothalamus.

Nerven und Hormone

Die Hypophyse schüttet Hormone aus, die dein Wachstum sowie die Funktion anderer Drüsen überwachen. Sie erhält ihre Befehle in Form von hormonähnlichen Substanzen aus dem Hypothalamus. Der Hypothalamus, ein Netzwerk aus vielen Nerven, ist das wichtigste Regulationszentrum für den Hormonhaushalt deines Körpers.

Graue Substanz

Wenn du über etwas nachdenkst, gebrauchst du die äußerste Schicht deiner Gehirnhälften, die Hirnrinde. Hier werden auch Signale aus deinen Sinnesorganen verarbeitet. Die äußerste, etwa 3 mm dicke Schicht von »grauer Substanz« enthält hauptsächlich Nervenzellen. Darunter liegt die »weiße Substanz«. Sie besteht aus langen Nervensträngen, die unterschiedliche Teile des Gehirns miteinander verbinden.

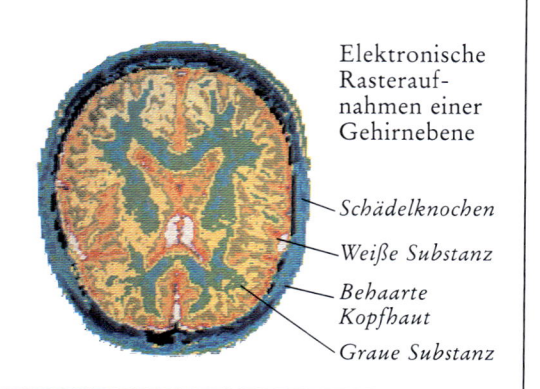

Elektronische Rasteraufnahmen einer Gehirnebene

Schädelknochen · Weiße Substanz · Behaarte Kopfhaut · Graue Substanz

Lageplan

Von außen betrachtet sehen die Gehirnhälften überall gleich aus. Tatsächlich sind sie aber in viele verschiedene Abschnitte gegliedert. Sensorische Zentren empfangen Nervensignale von den Sinnesorganen. Motorische Zentren senden Signale zu den Körpermuskeln. Das wichtigste motorische Zentrum ist unterteilt in einzelne Abschnitte, die Zunge, Lippen, Gesicht, Finger und andere Körperregionen überwachen.

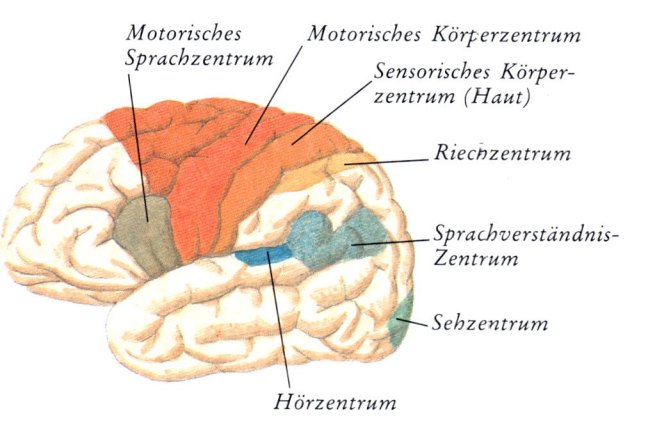

Motorisches Sprachzentrum · Motorisches Körperzentrum · Sensorisches Körperzentrum (Haut) · Riechzentrum · Sprachverständnis-Zentrum · Sehzentrum · Hörzentrum

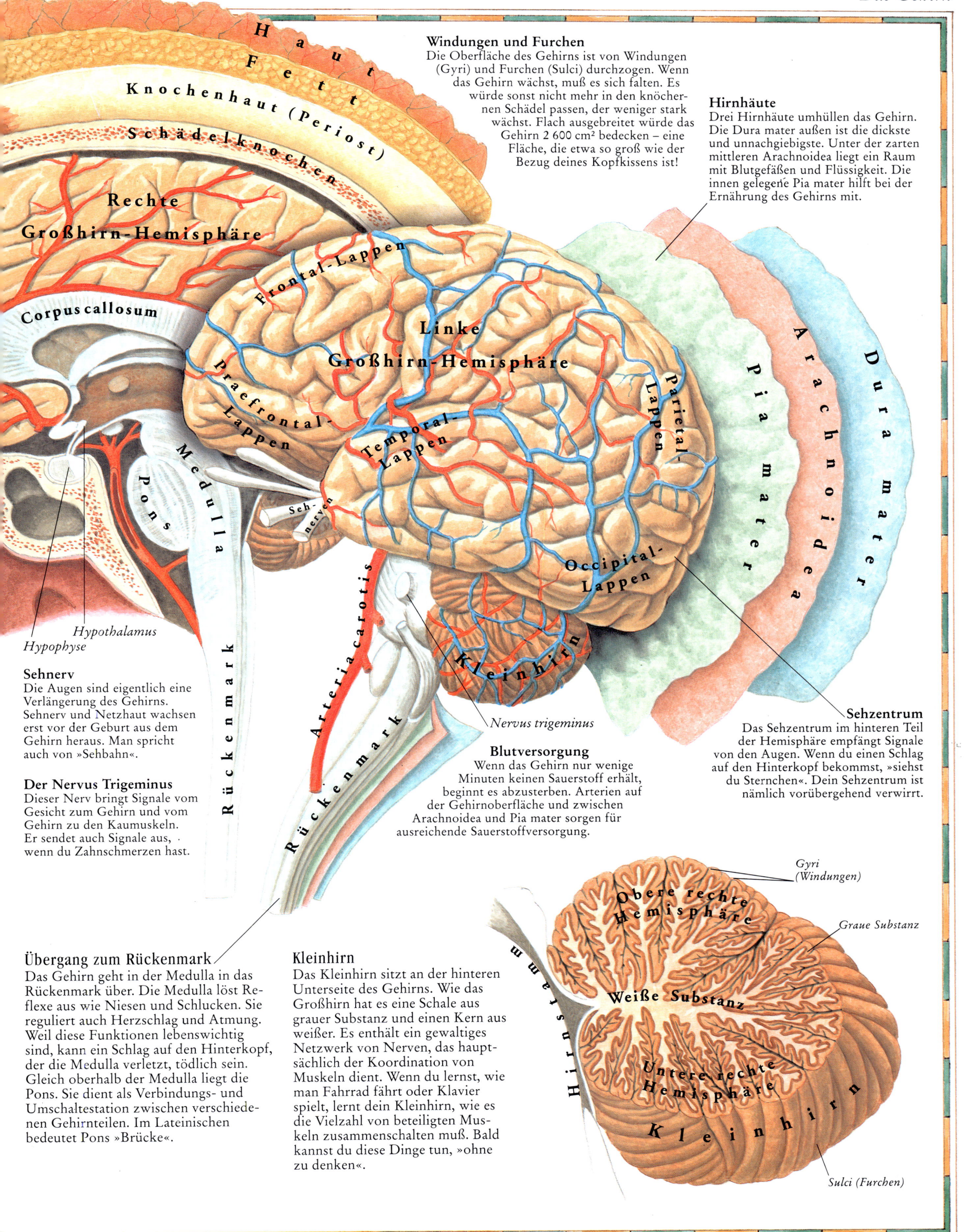

Haut

Fett

Knochenhaut (Periost)

Schädelknochen

Rechte Großhirn-Hemisphäre

Corpus callosum

Windungen und Furchen
Die Oberfläche des Gehirns ist von Windungen (Gyri) und Furchen (Sulci) durchzogen. Wenn das Gehirn wächst, muß es sich falten. Es würde sonst nicht mehr in den knöchernen Schädel passen, der weniger stark wächst. Flach ausgebreitet würde das Gehirn 2 600 cm² bedecken – eine Fläche, die etwa so groß wie der Bezug deines Kopfkissens ist!

Hirnhäute
Drei Hirnhäute umhüllen das Gehirn. Die Dura mater außen ist die dickste und unnachgiebigste. Unter der zarten mittleren Arachnoidea liegt ein Raum mit Blutgefäßen und Flüssigkeit. Die innen gelegene Pia mater hilft bei der Ernährung des Gehirns mit.

Frontal-Lappen

Linke Großhirn-Hemisphäre

Praefrontal-Lappen

Temporal-Lappen

Parietal-Lappen

Occipital-Lappen

Pia mater

Arachnoidea

Dura mater

Medulla

Pons

Seh-nerven

Hypothalamus
Hypophyse

Kleinhirn

Sehnerv
Die Augen sind eigentlich eine Verlängerung des Gehirns. Sehnerv und Netzhaut wachsen erst vor der Geburt aus dem Gehirn heraus. Man spricht auch von »Sehbahn«.

Der Nervus Trigeminus
Dieser Nerv bringt Signale vom Gesicht zum Gehirn und vom Gehirn zu den Kaumuskeln. Er sendet auch Signale aus, wenn du Zahnschmerzen hast.

Rückenmark

Arteria carotis

Rückenmark

Nervus trigeminus

Blutversorgung
Wenn das Gehirn nur wenige Minuten keinen Sauerstoff erhält, beginnt es abzusterben. Arterien auf der Gehirnoberfläche und zwischen Arachnoidea und Pia mater sorgen für ausreichende Sauerstoffversorgung.

Sehzentrum
Das Sehzentrum im hinteren Teil der Hemisphäre empfängt Signale von den Augen. Wenn du einen Schlag auf den Hinterkopf bekommst, »siehst du Sternchen«. Dein Sehzentrum ist nämlich vorübergehend verwirrt.

Übergang zum Rückenmark
Das Gehirn geht in der Medulla in das Rückenmark über. Die Medulla löst Reflexe aus wie Niesen und Schlucken. Sie reguliert auch Herzschlag und Atmung. Weil diese Funktionen lebenswichtig sind, kann ein Schlag auf den Hinterkopf, der die Medulla verletzt, tödlich sein. Gleich oberhalb der Medulla liegt die Pons. Sie dient als Verbindungs- und Umschaltestation zwischen verschiedenen Gehirnteilen. Im Lateinischen bedeutet Pons »Brücke«.

Kleinhirn
Das Kleinhirn sitzt an der hinteren Unterseite des Gehirns. Wie das Großhirn hat es eine Schale aus grauer Substanz und einen Kern aus weißer. Es enthält ein gewaltiges Netzwerk von Nerven, das hauptsächlich der Koordination von Muskeln dient. Wenn du lernst, wie man Fahrrad fährt oder Klavier spielt, lernt dein Kleinhirn, wie es die Vielzahl von beteiligten Muskeln zusammenschalten muß. Bald kannst du diese Dinge tun, »ohne zu denken«.

Gyri (Windungen)

Obere rechte Hemisphäre

Graue Substanz

Hirnstamm

Weiße Substanz

Untere rechte Hemisphäre

Kleinhirn

Sulci (Furchen)

Das Auge

Was immer du auch tust – du verläßt dich auf deine Augen. Diese empfindlichen Organe liegen in tiefen Höhlen, die von den Schädelknochen gebildet werden. Der sichtbare Teil deiner Augen wird von den Lidern geschützt. Diese dünnen Hautfalten können sich sehr schnell schließen. Immer wenn du zwinkerst, wischen die Lider Tränenflüssigkeit über die Augenoberfläche. Auch die feuchte Bindehaut bewahrt das sichtbare Auge vor dem Austrocknen. Die feste, weiße Lederhaut umschließt den Rest des Augapfels. Innerhalb der Lederhaut liegt eine blutreiche Schicht, die Aderhaut. Sie ernährt die anderen Gewebe des Auges. Innerhalb der Aderhaut liegt die Netzhaut. Hier sammeln 130 Millionen Zellen Licht und Eindrücke aus der Umwelt. Sie verarbeiten diese zu dem Bild der Welt, das du siehst.

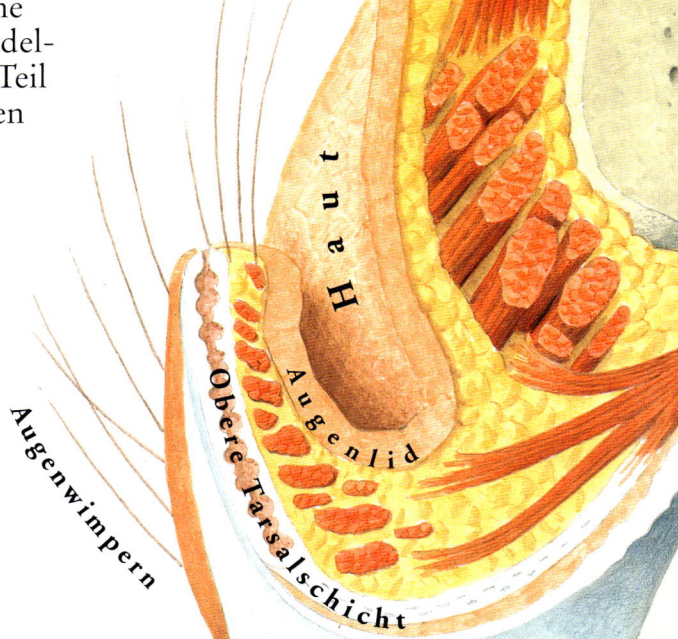

Hornhaut · Netzhaut · Glaskörper · Linse · Sehnerv · Kammerwasser

Augen links!

Dieser Querschnitt zeigt die Linse auf der linken Seite, den Sehnerv auf der rechten. Die Netzhaut, die das Licht empfängt, ist mikroskopisch dünn. Der Glaskörper ist eine klare, geleeartige Substanz. Durch ihn gelangt das Licht zur Netzhaut.

Die Pupille

Die Öffnung in der Mitte der Iris heißt Pupille. Im Dunkeln wird die Pupille größer, um soviel Licht wie möglich einzulassen, damit du sehen kannst. Im Hellen schrumpft sie, um die Nerven im hinteren Teil des Auges zu schützen. Der Arzt kann mit einem Gerät, dem Augenspiegel, durch die Pupille auf die Netzhaut schauen. Er sieht verzweigte Blutgefäße und die Papille, wo der Sehnerv das Auge verläßt. Sie heißt auch blinder Fleck, weil an dieser Stelle keine Nervenzellen zum Sehen liegen.

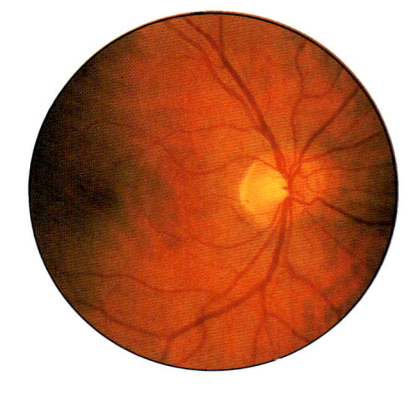

So sieht die Netzhaut aus, wenn man sie durch den Augenspiegel betrachtet.

Die Ziliarmuskeln verändern die Form der Linse.

Die Ziliarbänder halten die Linse an ihrem Platz.

Die bewegliche, durchsichtige Linse besteht aus mehreren Schichten von Eiweiß.

Ziliarmuskel · Zirkulärer Ziliarmuskel · Linse · Iris · Pupille · Linsenmittelpunkt · Ziliarfortsatz · Ziliarmuskel

Die Ziliarfortsätze produzieren Kammerwasser und unterstützen die Linse.

Stirnhöhle · Stirnbein · Fettpo... · Haut · Augenlid · Obere Tarsalschicht · Augenwimpern · Tränendrüse · Lederhaut · Aderhaut · Iris · Pupille · Kammerwasser · Hornhaut · Bindehaut · Untere Tarsalschicht · Augenlid

Das sichtbare Auge

Unter der Bindehaut des sichtbaren Auges (links) liegt die durchsichtige, gewölbte Hornhaut. Sie hilft, die Brennweite des Sehapparates einzustellen. Dabei wird sie unterstützt vom Kammerwasser. Darunter liegt die Iris, ein Netzwerk von Muskeln, welche die Größe der Pupille verändern. Die Iris enthält Pigmente. Sie bestimmen die Farbe deiner Augen. Hinter der Iris liegen die Linse und die Ziliarmuskeln.

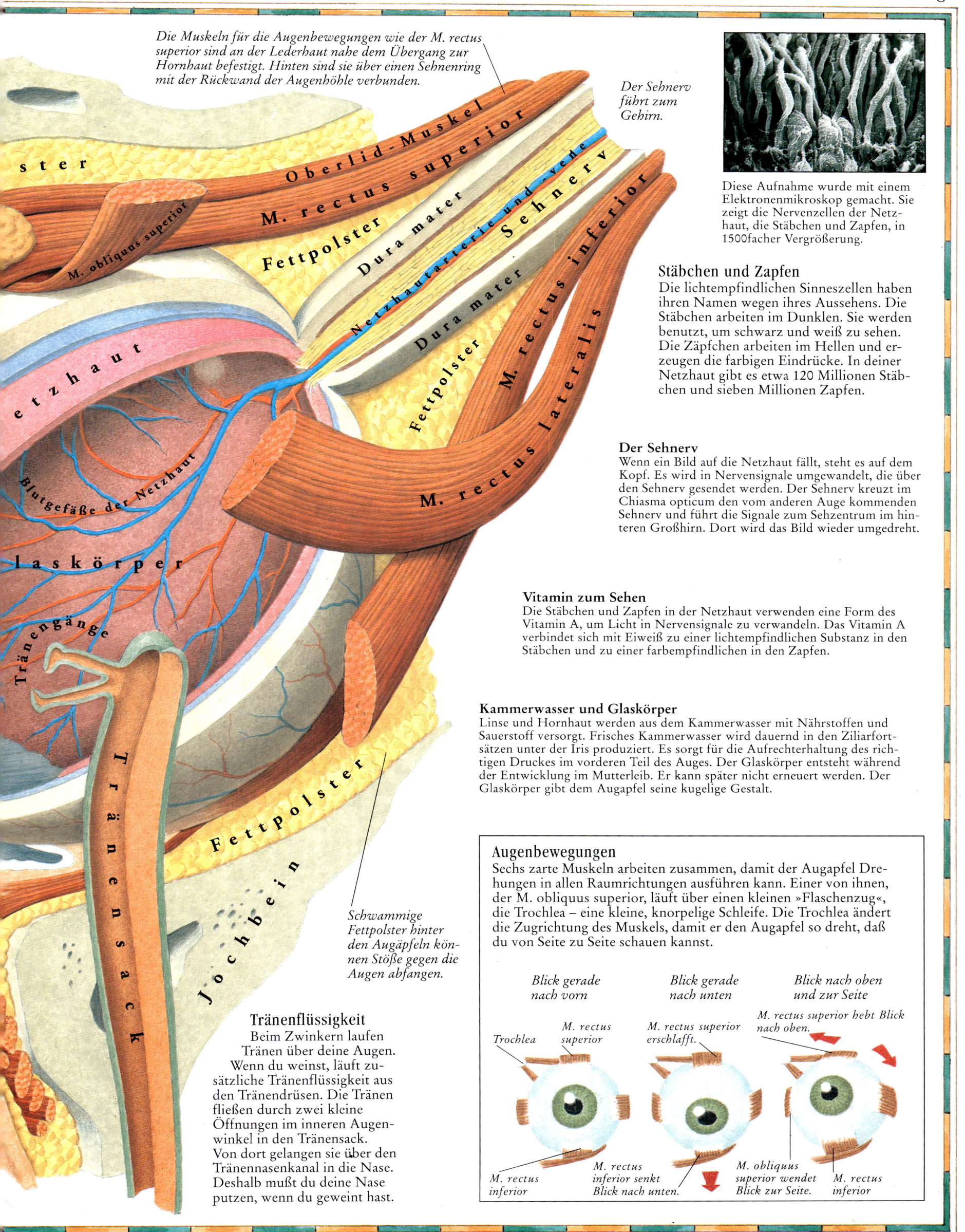

Die Muskeln für die Augenbewegungen wie der M. rectus superior sind an der Lederhaut nahe dem Übergang zur Hornhaut befestigt. Hinten sind sie über einen Sehnenring mit der Rückwand der Augenhöhle verbunden.

Der Sehnerv führt zum Gehirn.

...ster

Oberlid-Muskel

M. rectus superior

M. obliquus superior

Fettpolster

Dura mater

Netzhautarterie und -vene

Sehnerv

Dura mater

M. rectus inferior

Fettpolster

M. rectus lateralis

...etzhaut

Blutgefäße der Netzhaut

...laskörper

Tränengänge

Tränensack

Fettpolster

Jochbein

Diese Aufnahme wurde mit einem Elektronenmikroskop gemacht. Sie zeigt die Nervenzellen der Netzhaut, die Stäbchen und Zapfen, in 1500facher Vergrößerung.

Stäbchen und Zapfen

Die lichtempfindlichen Sinneszellen haben ihren Namen wegen ihres Aussehens. Die Stäbchen arbeiten im Dunkeln. Sie werden benutzt, um schwarz und weiß zu sehen. Die Zäpfchen arbeiten im Hellen und erzeugen die farbigen Eindrücke. In deiner Netzhaut gibt es etwa 120 Millionen Stäbchen und sieben Millionen Zapfen.

Der Sehnerv

Wenn ein Bild auf die Netzhaut fällt, steht es auf dem Kopf. Es wird in Nervensignale umgewandelt, die über den Sehnerv gesendet werden. Der Sehnerv kreuzt im Chiasma opticum den vom anderen Auge kommenden Sehnerv und führt die Signale zum Sehzentrum im hinteren Großhirn. Dort wird das Bild wieder umgedreht.

Vitamin zum Sehen

Die Stäbchen und Zapfen in der Netzhaut verwenden eine Form des Vitamin A, um Licht in Nervensignale zu verwandeln. Das Vitamin A verbindet sich mit Eiweiß zu einer lichtempfindlichen Substanz in den Stäbchen und zu einer farbempfindlichen in den Zapfen.

Kammerwasser und Glaskörper

Linse und Hornhaut werden aus dem Kammerwasser mit Nährstoffen und Sauerstoff versorgt. Frisches Kammerwasser wird dauernd in den Ziliarfortsätzen unter der Iris produziert. Es sorgt für die Aufrechterhaltung des richtigen Druckes im vorderen Teil des Auges. Der Glaskörper entsteht während der Entwicklung im Mutterleib. Er kann später nicht erneuert werden. Der Glaskörper gibt dem Augapfel seine kugelige Gestalt.

Augenbewegungen

Sechs zarte Muskeln arbeiten zusammen, damit der Augapfel Drehungen in allen Raumrichtungen ausführen kann. Einer von ihnen, der M. obliquus superior, läuft über einen kleinen »Flaschenzug«, die Trochlea – eine kleine, knorpelige Schleife. Die Trochlea ändert die Zugrichtung des Muskels, damit er den Augapfel so dreht, daß du von Seite zu Seite schauen kannst.

Blick gerade nach vorn

Trochlea

M. rectus superior

M. rectus inferior

M. rectus superior

Blick gerade nach unten

M. rectus superior erschlafft.

M. rectus inferior senkt Blick nach unten.

Blick nach oben und zur Seite

M. rectus superior hebt Blick nach oben.

M. obliquus superior wendet Blick zur Seite.

M. rectus inferior

Schwammige Fettpolster hinter den Augäpfeln können Stöße gegen die Augen abfangen.

Tränenflüssigkeit

Beim Zwinkern laufen Tränen über deine Augen. Wenn du weinst, läuft zusätzliche Tränenflüssigkeit aus den Tränendrüsen. Die Tränen fließen durch zwei kleine Öffnungen im inneren Augenwinkel in den Tränensack. Von dort gelangen sie über den Tränennasenkanal in die Nase. Deshalb mußt du deine Nase putzen, wenn du geweint hast.

Das Ohr

Vom leisen Flüstern bis zum lauten Schreien – dein Ohr kann eine Vielzahl von Tönen aufnehmen. Erst Ohr und Gehirn zusammen bilden aber das Gehör. Die Ohren verwandeln Schallwellen in elektrische Nervenimpulse, die im Gehirn entschlüsselt werden. Sie helfen dir auch, das Gleichgewicht zu halten.

Was wir meist als Ohr bezeichnen, nämlich die Ohrmuschel, ist nicht in der Lage, etwas zu hören. Sie fängt nur die Schallwellen ein und bringt sie in einen S-förmigen Kanal, den äußeren Gehörgang. Er führt tief ins Innere des Schädelknochens, wo die Schallwellen den Teil des Ohres erreichen, der für das Hören zuständig ist.

Die Umwandlung von Tönen in elektrische Impulse findet in einem flüssigkeitsgefüllten, spiralförmigen Raum statt, der Cochlea oder Schnecke. Sie hat nur die Größe eines Fingernagels. Mit der Schnecke sind drei C-förmige Kanäle verknüpft, die dir helfen, das Gleichgewicht zu halten.

Ein Blick ins Ohr

Die Abbildung rechts zeigt die drei wesentlichen Abschnitte des Ohres. Das äußere Ohr besteht aus Ohrmuschel und äußerem Gehörgang. Er führt ins Mittelohr, einer kleinen Kammer, in der sich die Gehörknöchelchen befinden. Jenseits dieser Knöchelchen befinden sich die Strukturen des Innenohres, die Schnecke und die Bogengänge.

Hör-rohr

Hörhilfe

Die Ohrmuschel heißt auch Auricula. Ihre gebogenen Wülste, die äußere und die innere Helix, helfen, die Töne einzufangen. Früher benutzten schwerhörige Menschen ein Hörrohr. Es sammelt die Töne und führt sie ins Ohr.

Der Gehörgang

Das Loch in der Ohrmitte bildet den Eingang zum äußeren Gehörgang. Die Schallwellen wandern durch diesen 2,5 cm langen Kanal zum Trommelfell.

Ohrenschmalz

Ohrenschmalz oder Cerumen wird in der Haut hergestellt, die den Gehörgang auskleidet. Diese klebrige Masse bindet zusammen mit den Härchen des Ganges Schmutz und Staub, bevor sie das empfindliche Trommelfell erreichen können.

Luftleitung und Knochenleitung

Die Töne erreichen das Ohr als Wellen schwingender Luftmoleküle. Wenn sie gegen das Trommelfell stoßen, versetzen dessen Bewegungen die drei verbundenen Gehörknöchelchen im Mittelohr in Schwingungen. Das dritte und letzte überträgt diese Schwingungen auf die Flüssigkeit in der Schnecke im Innenohr. Diesen Vorgang nennt man Luftleitung. Einige Töne, wie die deiner eigenen Stimme, gelangen durch die Schädelknochen zum Innenohr. Das nennt man Knochenleitung. Hörst du deine Stimme auf einer Tonbandaufnahme, erscheint sie dir ungewohnt und fremd. Du hörst jetzt deine Stimme über die Luftleitung, und nicht wie gewohnt über die Knochenleitung.

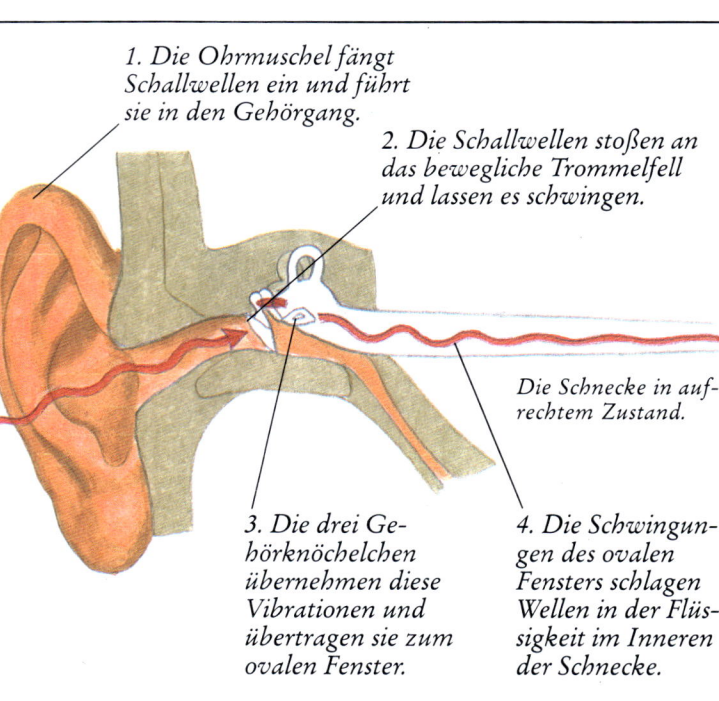

1. Die Ohrmuschel fängt Schallwellen ein und führt sie in den Gehörgang.

2. Die Schallwellen stoßen an das bewegliche Trommelfell und lassen es schwingen.

Die Schnecke in aufrechtem Zustand.

3. Die drei Gehörknöchelchen übernehmen diese Vibrationen und übertragen sie zum ovalen Fenster.

4. Die Schwingungen des ovalen Fensters schlagen Wellen in der Flüssigkeit im Inneren der Schnecke.

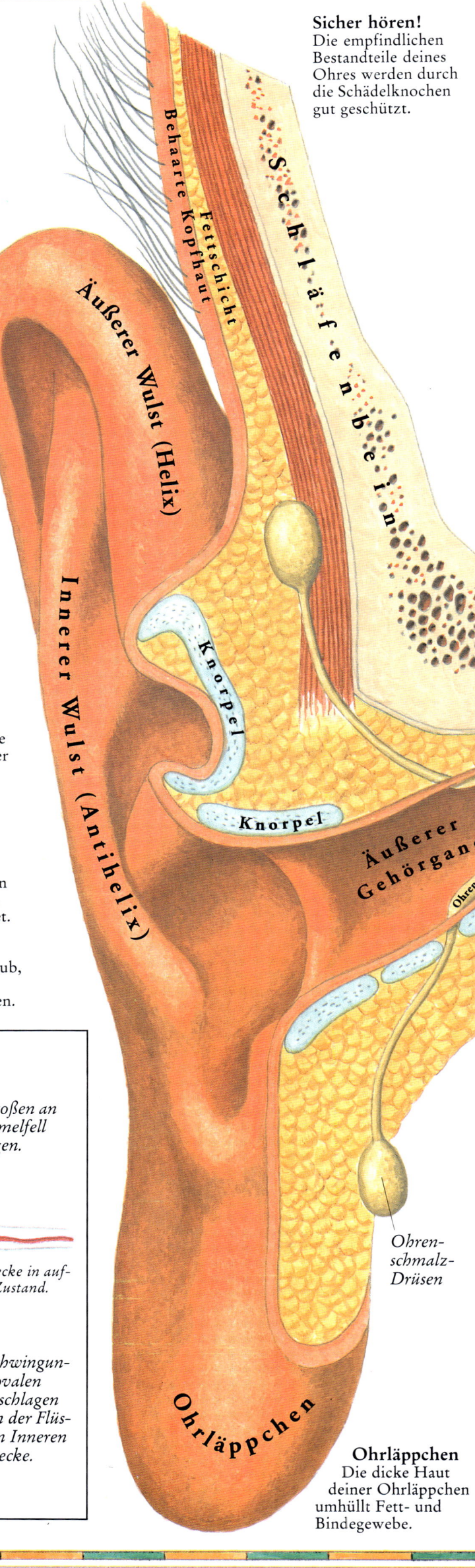

Sicher hören!
Die empfindlichen Bestandteile deines Ohres werden durch die Schädelknochen gut geschützt.

Behaarte Kopfhaut

Fettschicht

Schläfenbein

Äußerer Wulst (Helix)

Innerer Wulst (Antihelix)

Knorpel

Knorpel

Äußerer Gehörgang

Ohrenschmalz

Ohrenschmalz-Drüsen

Ohrläppchen
Die dicke Haut deiner Ohrläppchen umhüllt Fett- und Bindegewebe.

Ohrläppchen

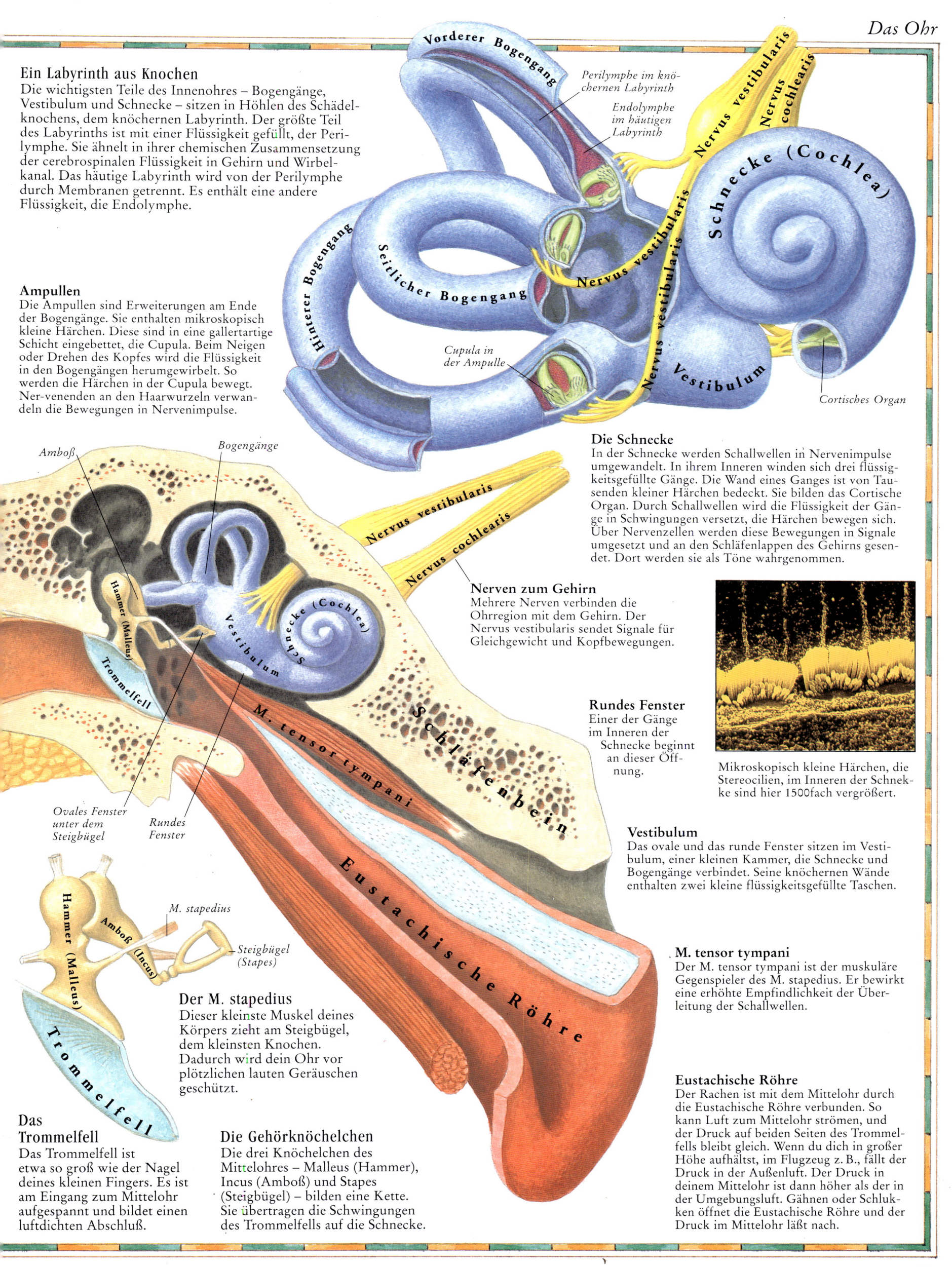

Ein Labyrinth aus Knochen

Die wichtigsten Teile des Innenohres – Bogengänge, Vestibulum und Schnecke – sitzen in Höhlen des Schädelknochens, dem knöchernen Labyrinth. Der größte Teil des Labyrinths ist mit einer Flüssigkeit gefüllt, der Perilymphe. Sie ähnelt in ihrer chemischen Zusammensetzung der cerebrospinalen Flüssigkeit in Gehirn und Wirbelkanal. Das häutige Labyrinth wird von der Perilymphe durch Membranen getrennt. Es enthält eine andere Flüssigkeit, die Endolymphe.

Ampullen

Die Ampullen sind Erweiterungen am Ende der Bogengänge. Sie enthalten mikroskopisch kleine Härchen. Diese sind in eine gallertartige Schicht eingebettet, die Cupula. Beim Neigen oder Drehen des Kopfes wird die Flüssigkeit in den Bogengängen herumgewirbelt. So werden die Härchen in der Cupula bewegt. Ner-venenden an den Haarwurzeln verwandeln die Bewegungen in Nervenimpulse.

Vorderer Bogengang

Perilymphe im knöchernen Labyrinth

Endolymphe im häutigen Labyrinth

Nervus vestibularis

Nervus vestibularis

Nervus cochlearis

Schnecke (Cochlea)

Hinterer Bogengang

Seitlicher Bogengang

Nervus vestibularis

Cupula in der Ampulle

Nervus vestibularis

Vestibulum

Cortisches Organ

Die Schnecke

In der Schnecke werden Schallwellen in Nervenimpulse umgewandelt. In ihrem Inneren winden sich drei flüssigkeitsgefüllte Gänge. Die Wand eines Ganges ist von Tausenden kleiner Härchen bedeckt. Sie bilden das Cortische Organ. Durch Schallwellen wird die Flüssigkeit der Gänge in Schwingungen versetzt, die Härchen bewegen sich. Über Nervenzellen werden diese Bewegungen in Signale umgesetzt und an den Schläfenlappen des Gehirns gesendet. Dort werden sie als Töne wahrgenommen.

Amboß

Bogengänge

Nervus vestibularis

Nervus cochlearis

Hammer (Malleus)

Trommelfell

Vestibulum

Schnecke (Cochlea)

Nerven zum Gehirn

Mehrere Nerven verbinden die Ohrregion mit dem Gehirn. Der Nervus vestibularis sendet Signale für Gleichgewicht und Kopfbewegungen.

Rundes Fenster

Einer der Gänge im Inneren der Schnecke beginnt an dieser Öffnung.

Ovales Fenster unter dem Steigbügel

Rundes Fenster

M. tensor tympani

Schläfenbein

Eustachische Röhre

Mikroskopisch kleine Härchen, die Stereocilien, im Inneren der Schnecke sind hier 1500fach vergrößert.

Vestibulum

Das ovale und das runde Fenster sitzen im Vestibulum, einer kleinen Kammer, die Schnecke und Bogengänge verbindet. Seine knöchernen Wände enthalten zwei kleine flüssigkeitsgefüllte Taschen.

Hammer (Malleus)

M. stapedius

Amboß (Incus)

Steigbügel (Stapes)

M. tensor tympani

Der M. tensor tympani ist der muskuläre Gegenspieler des M. stapedius. Er bewirkt eine erhöhte Empfindlichkeit der Überleitung der Schallwellen.

Der M. stapedius

Dieser kleinste Muskel deines Körpers zieht am Steigbügel, dem kleinsten Knochen. Dadurch wird dein Ohr vor plötzlichen lauten Geräuschen geschützt.

Trommelfell

Das Trommelfell

Das Trommelfell ist etwa so groß wie der Nagel deines kleinen Fingers. Es ist am Eingang zum Mittelohr aufgespannt und bildet einen luftdichten Abschluß.

Die Gehörknöchelchen

Die drei Knöchelchen des Mittelohres – Malleus (Hammer), Incus (Amboß) und Stapes (Steigbügel) – bilden eine Kette. Sie übertragen die Schwingungen des Trommelfells auf die Schnecke.

Eustachische Röhre

Der Rachen ist mit dem Mittelohr durch die Eustachische Röhre verbunden. So kann Luft zum Mittelohr strömen, und der Druck auf beiden Seiten des Trommelfells bleibt gleich. Wenn du dich in großer Höhe aufhältst, im Flugzeug z. B., fällt der Druck in der Außenluft. Der Druck in deinem Mittelohr ist dann höher als der in der Umgebungsluft. Gähnen oder Schlukken öffnet die Eustachische Röhre und der Druck im Mittelohr läßt nach.

Der Hals

Stell dir vor, du hättest dauernd einen steifen Hals! Du wärst nicht fähig, dich umzublicken oder Geräusche zu orten, ohne den ganzen Körper zu drehen. Du könntest nicht einmal nicken, um »ja« zu sagen! Der Hals ist ein starker und beweglicher Stiel für deinen Kopf. Um den Kopf aufrecht zu halten und den Hals zu bewegen, brauchst du Muskelgruppen, die den Hals mit der Wirbelsäule, den Rippen und Schulterknochen verbinden.

Drei lebenswichtige Röhrensysteme verlaufen im Hals. Das erste ist der Wirbelkanal, in dem das Rückenmark liegt. Die zweite Röhre ist die Trachea oder Luftröhre – sie führt die Atemluft zur Lunge und wieder nach außen. Die dritte bildet der Ösophagus, oder Speiseröhre. Wenn du schluckst, fließt die zerkaute Nahrung die Speiseröhre hinunter bis in den Magen.

Alle drei Röhrensysteme sind dehnbar. Sie können sich krümmen, wenn du dich bewegst. Auch unzählige Blutgefäße, Nerven und Lymphbahnen durchziehen den Hals. Diese Ansammlung von lebenswichtigen Strukturen macht den Hals zu einer sehr empfindlichen und verwundbaren Stelle im menschlichen Körper.

Foramen magnum

Betrachtest du den Schädel von unten, so kannst du ein großes Loch sehen, das Foramen magnum. Das Rückenmark findet durch dieses Loch Anschluß an das Gehirn.

Foramen magnum

Loch für die Vena jugularis

Loch für die Arteria carotis

Jochbein

Harter Gaumen

M. semispinalis capitis

M. splenius capitis

M. levator scapulae

Haut

Fettschicht

M. rhomboideus minor

M. rhomboideus major

M. deltoideus

Schulterblatt

Spinalnerven-Wurzeln

Der Haken (Dens) des Axis paßt hier in den Atlas.

Innenfläche des Gleitgelenkes

Loch für den Rückenmarkskanal

Haken (Dens) des Axis

Atlas

Dieser Knochen sitzt am oberen Ende der Wirbelsäule. Gleitende Gelenke auf jeder Seite ermöglichen das Kopfnicken.

Axis

Direkt unter dem Atlas liegt der Axis. Er hat einen hakenartigen Fortsatz, den Dens. Dieses System macht die Kopfdrehung möglich.

Halsmuskulatur

Jedes Paar von Halsmuskeln bewegt den Hals auf unterschiedliche Art. Wenn du nach oben schaust, ziehen sich die senkrechten Muskeln an der Hinterseite des Halses zusammen. Schaust du nach unten, sind es die an der Vorderseite. Andere Muskeln verlaufen schräg um den Hals herum. Sie ermöglichen das Neigen des Kopfes zur Seite. Gleichzeitig dehnen sich die gegenüberliegenden Muskeln, so daß sich der Kopf immer im Gleichgewicht befindet.

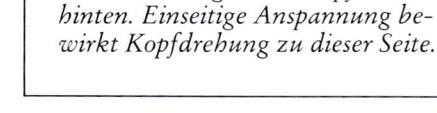

Diese beiden Splenius capitis-Muskeln sind eine Muskelgruppe, die Schädel und Wirbelsäule verbindet. Sie neigen den Kopf nach hinten. Einseitige Anspannung bewirkt Kopfdrehung zu dieser Seite.

M. levator scapulae

Dieser lange Muskel ist oben an Atlas, Axis und an den hinteren Halswirbeln befestigt, unten am Schulterblatt. Der M. levator scapulae spannt sich an, wenn du ein Gewicht auf deinen Schultern trägst.

Wirbelknochen

Die meisten Wirbel haben zwei Fortsätze. Sie dienen den Rückenmuskeln als Ansatzstellen.

Spinalnerven

Aus dem Rückenmarkskanal zweigen 31 Paare von Spinalnerven ab. Die Nerven für die oberen Körperregionen treten schon zwischen Schädelknochen und Atlas aus dem Kanal aus.

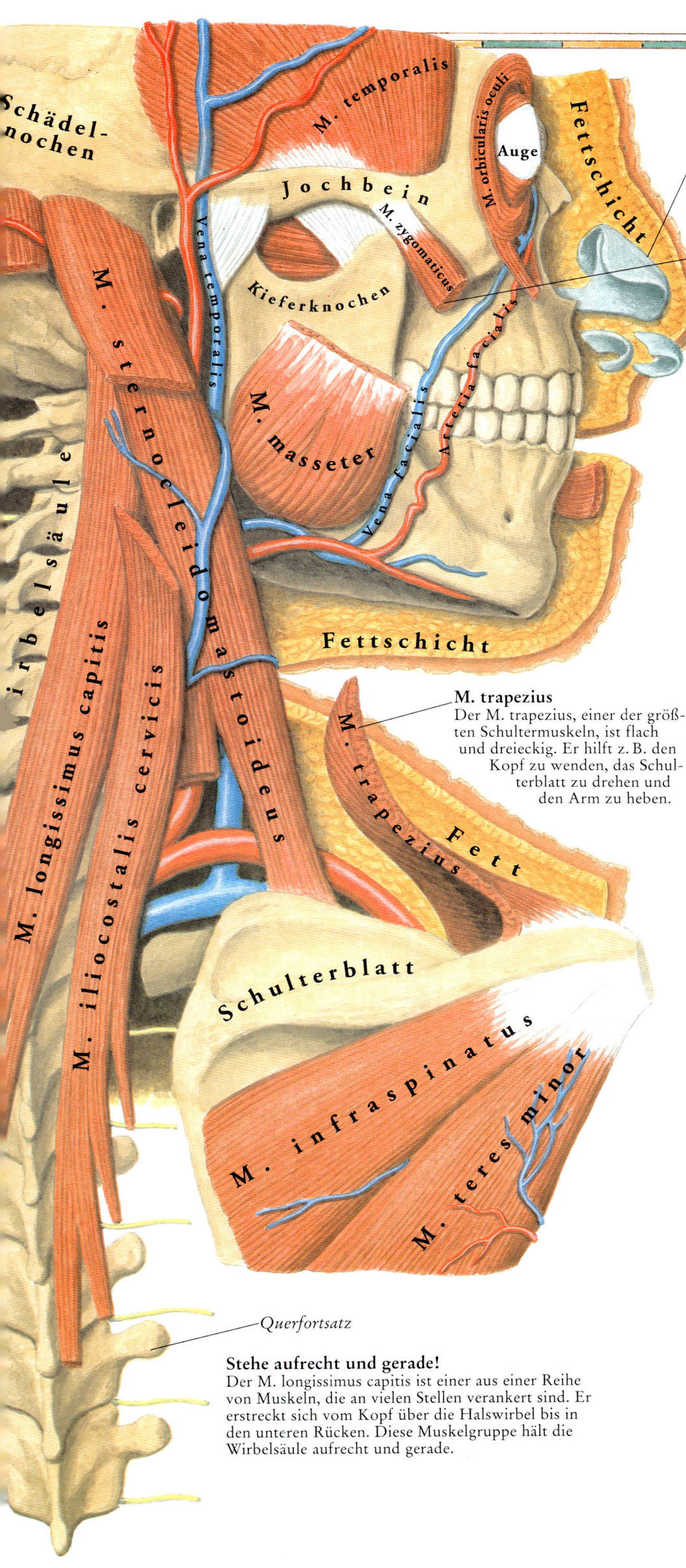

Schädelknochen

M. temporalis

M. orbicularis oculi

Auge

Jochbein

Fettschicht

M. zygomaticus

Vena temporalis

Kieferknochen

Arteria facialis

Vena facialis

M. sternocleidomastoideus

M. masseter

Fettschicht

M. longissimus capitis

M. iliocostalis cervicis

irbelsäule

M. trapezius
Der M. trapezius, einer der größten Schultermuskeln, ist flach und dreieckig. Er hilft z. B. den Kopf zu wenden, das Schulterblatt zu drehen und den Arm zu heben.

M. trapezius

Fett

Schulterblatt

M. infraspinatus

M. teres minor

Querfortsatz

Stehe aufrecht und gerade!
Der M. longissimus capitis ist einer aus einer Reihe von Muskeln, die an vielen Stellen verankert sind. Er erstreckt sich vom Kopf über die Halswirbel bis in den unteren Rücken. Diese Muskelgruppe hält die Wirbelsäule aufrecht und gerade.

Nasenknorpel
Der vordere Teil der Nase enthält keine Knochen. Ein Gerippe aus neun kleinen Knorpeln formt ihre Gestalt. Sie sind sowohl untereinander als auch mit den Schädelknochen verbunden. Einer von ihnen bildet die Nasenscheidewand.

Wangenmuskel
Beim Lachen benutzt du einen Muskel, der vom Mundwinkel zum Jochbein führt, den M. zygomaticus major. Er zieht die Lippen nach außen und oben.

Speiseröhre und Luftröhre
Die Atemluft kann durch Mund und Nase in den Körper gelangen, die Nahrung nur durch den Mund. Die Kanäle von Mund und Nase vereinigen sich hinter der Zunge und bilden den Rachen. Weiter unten teilen sie sich wieder, in die Speiseröhre für die Nahrung und die Luftröhre für die Atemluft.

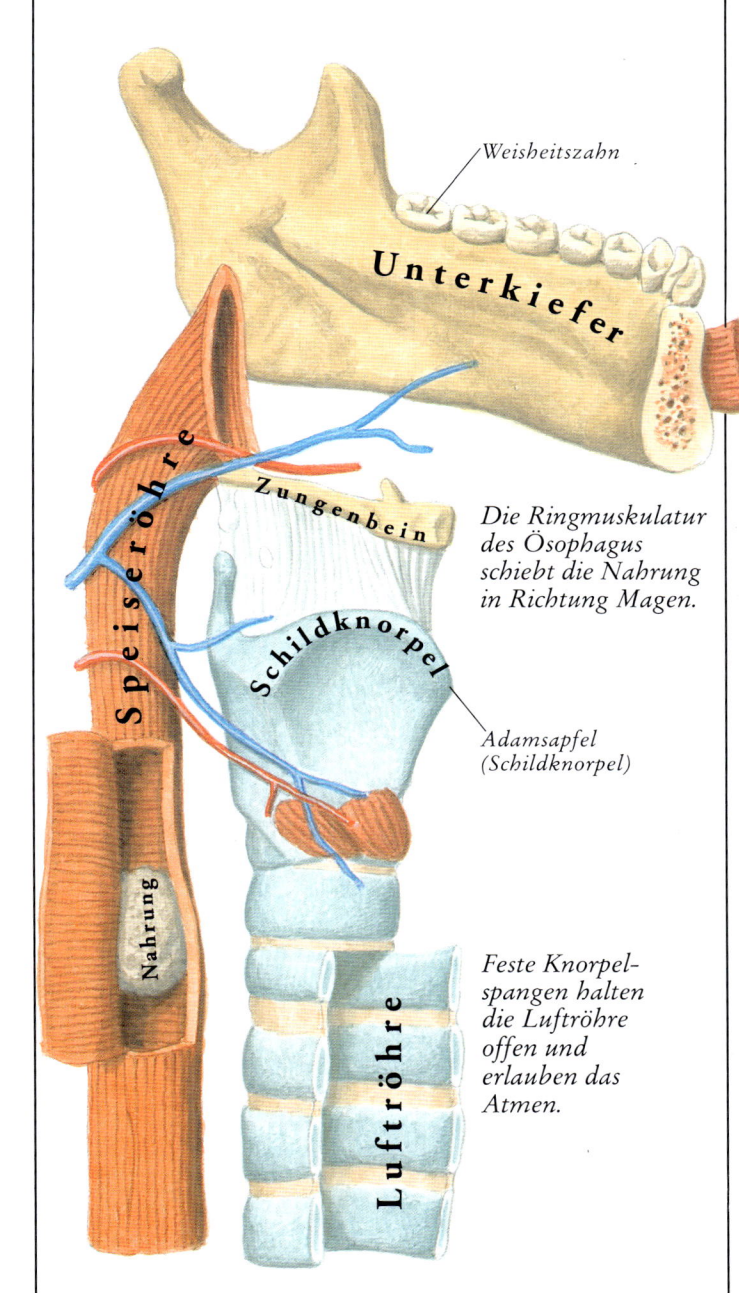

Weisheitszahn

Unterkiefer

Speiseröhre

Zungenbein

Die Ringmuskulatur des Ösophagus schiebt die Nahrung in Richtung Magen.

Schildknorpel

Adamsapfel (Schildknorpel)

Nahrung

Feste Knorpelspangen halten die Luftröhre offen und erlauben das Atmen.

Luftröhre

Durch die Speiseröhre
Ringförmige Muskelgruppen umschließen die Wand der Speiseröhre. Beim Schlucken ziehen sie sich in aufeinanderfolgenden Wellen zusammen und schieben so Nahrung und Flüssigkeit nach unten. Damit die Nahrung nicht versehentlich in die Luftröhre gelangt, wird diese beim Schlucken vom Kehldeckel verschlossen. Gerät doch etwas in den »falschen Hals«, wird es durch reflektorische Hustenstöße wieder aus der Luftröhre ausgestoßen.

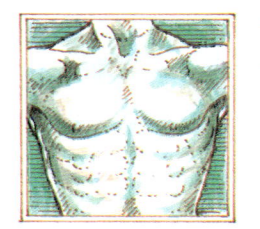

Der obere Rumpf – Vorderseite

Unter der Haut deines Brustkastens liegt das »Kraftwerk« des Körpers: das unermüdliche Gespann von Herz und Lungen. Sie arbeiten zusammen, um deinen ganzen Körper mit frischem, sauerstoffreichen Blut zu versorgen. Mehrere Schichten flacher Muskeln bedecken den beweglichen knöchernen Käfig, der durch die Rippen geformt wird. Er umspannt schützend die weichen, schwammigen Lungen und das pumpende Herz. Zwei senkrechte Knochenstrukturen, das Brustbein auf der Vorderseite und die Wirbelsäule auf der Rückseite, bilden die Träger des Rippengürtels. Gelenke zwischen Rippen, Brustbein und Wirbelsäule ermöglichen ihm, seine Form zu ändern. Dadurch können sich die Lungen beim Atmen ausdehnen und zusammenziehen.

Der glockenförmige Brustkorb wird auch Thorax genannt, die Bauchhöhle darunter Abdomen. Sie werden durch das Zwechfell getrennt, eine mächtige Muskelschicht in der Form einer umgedrehten Schüssel.

Stark und beweglich
Dein Brustkorb muß die empfindlichen Organe in seinem Inneren schützen. Er muß aber auch beweglich sein, um die Ausdehnung der Lungen zu ermöglichen.

Milchdrüsen
Die nährstoffreiche Milch wird in den traubenförmigen Milchdrüsen hergestellt.

Milchgänge
Wenn das Baby an der Brustwarze saugt, fließt die Milch durch die Milchgänge zu den kleinen Öffnungen an der Oberfläche.

Brustdrüse
Jeder Mensch hat Brustdrüsen, nur sind sie bei Männern und Kindern wenig entwickelt. Bei der Frau werden sie nach dem Gebären eines Kindes tätig und liefern die Milch für das Baby.
Die Brustdrüsen sind in Läppchen unterteilt, die von Bindegewebe zusammengehalten werden. Die in ihnen hergestellte Milch fließt durch dünne Kanäle zu kleinen Öffnungen in den Brustwarzen.

Lymphgefäße

M. Pectoralis major

Haut

Fettschicht

Schlüsselbein

M. deltoideus

Vena axillaris

M. Pectoralis

Haut

Haut

Brust

Brustwarze

Fettgewebe

Haut

Muskelschicht

Brust

Fettschicht

Siebte Rippe

Achte Rippe

Neunte Rippe

Zehnte Rippe

Elfte Rippe

Brustbein

Brustdrüsen

Linke Lunge

Wirbelsäule

Rechte Lunge

Diese computertomographische Schichtaufnahme zeigt die Lungen, dahinter die Wirbelsäule, davor Brustbein und Brustdrüsen.

Ein beweglicher Käfig
Dein Rippengürtel wird von zwölf Paaren elastischer, C-förmiger Knochen geformt. Das erste Paar ist das kürzeste. Die darunterliegenden werden länger, später wieder kürzer, um so die käfigartige Gestalt zu bilden. Die Rippen spannen sich bogenförmig von der Wirbelsäule zum Brustbein. Sie sind aber hier nicht direkt mit dem Knochen verbunden. Zwischengeschaltet sind die Rippenknorpel, welche die besondere Beweglichkeit des Rippengürtels erst ermöglichen.

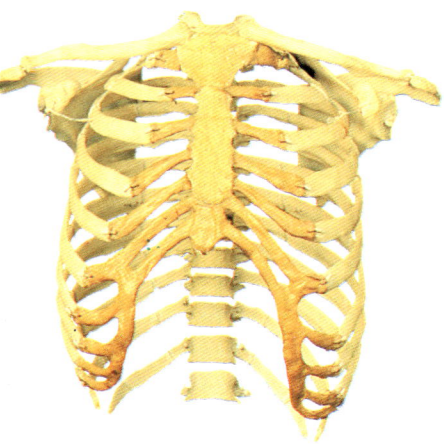

Der Rippenkäfig schützt die empfindlichen Organe in seinem Inneren.

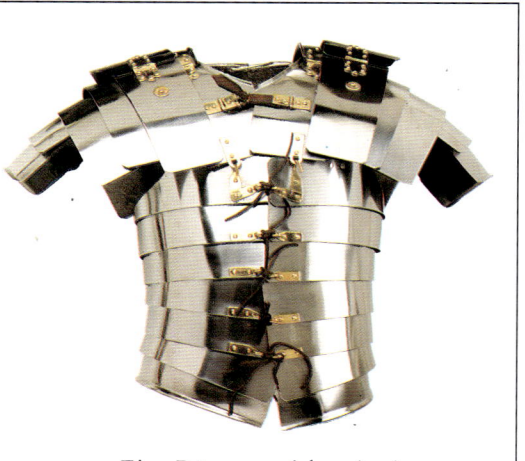

Eine Rüstung wirkt wie ein zusätzlicher, äußerer Rippengürtel.

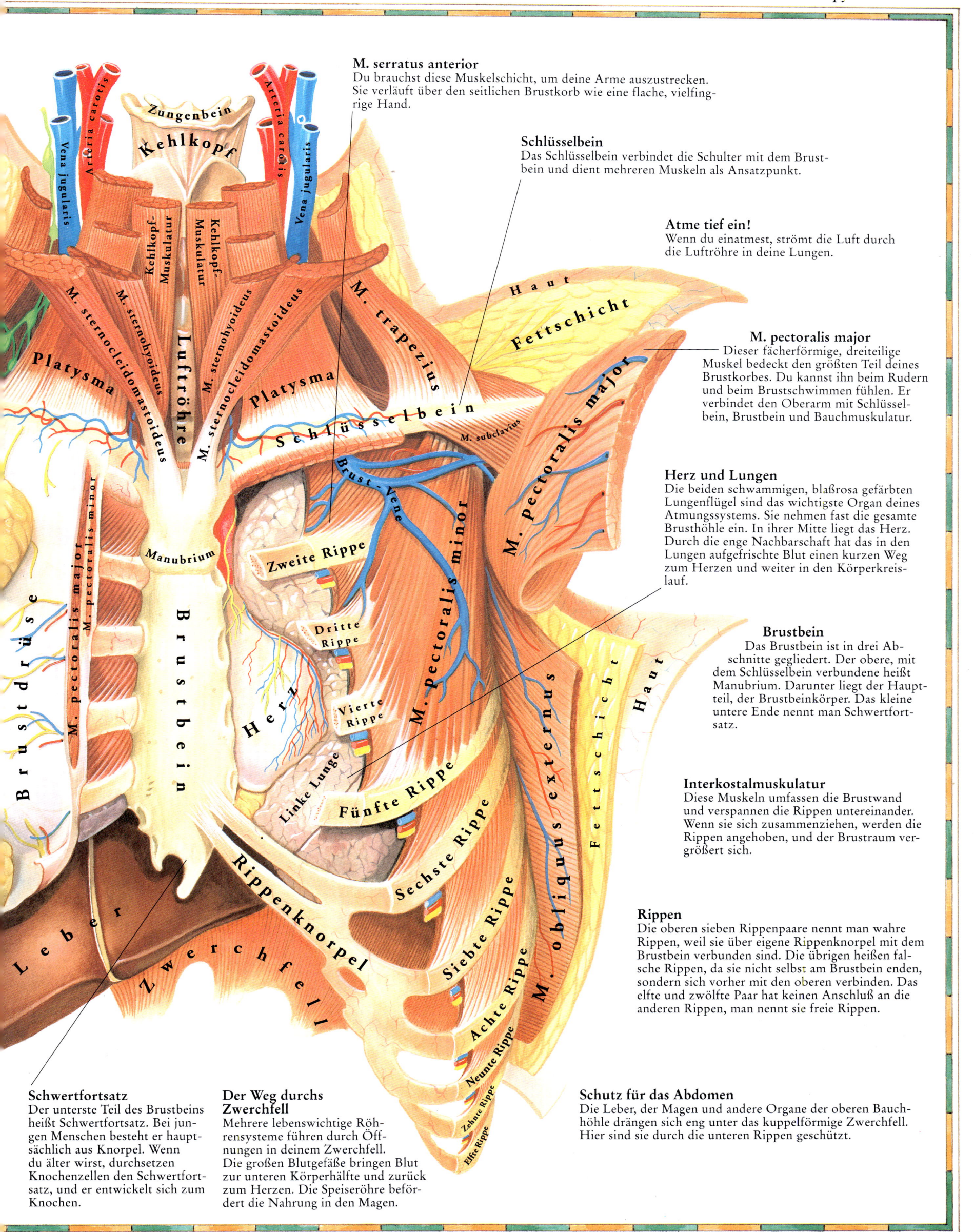

M. serratus anterior
Du brauchst diese Muskelschicht, um deine Arme auszustrecken. Sie verläuft über den seitlichen Brustkorb wie eine flache, vielfingrige Hand.

Schlüsselbein
Das Schlüsselbein verbindet die Schulter mit dem Brustbein und dient mehreren Muskeln als Ansatzpunkt.

Atme tief ein!
Wenn du einatmest, strömt die Luft durch die Luftröhre in deine Lungen.

M. pectoralis major
Dieser fächerförmige, dreiteilige Muskel bedeckt den größten Teil deines Brustkorbes. Du kannst ihn beim Rudern und beim Brustschwimmen fühlen. Er verbindet den Oberarm mit Schlüsselbein, Brustbein und Bauchmuskulatur.

Herz und Lungen
Die beiden schwammigen, blaßrosa gefärbten Lungenflügel sind das wichtigste Organ deines Atmungssystems. Sie nehmen fast die gesamte Brusthöhle ein. In ihrer Mitte liegt das Herz. Durch die enge Nachbarschaft hat das in den Lungen aufgefrischte Blut einen kurzen Weg zum Herzen und weiter in den Körperkreislauf.

Brustbein
Das Brustbein ist in drei Abschnitte gegliedert. Der obere, mit dem Schlüsselbein verbundene heißt Manubrium. Darunter liegt der Hauptteil, der Brustbeinkörper. Das kleine untere Ende nennt man Schwertfortsatz.

Interkostalmuskulatur
Diese Muskeln umfassen die Brustwand und verspannen die Rippen untereinander. Wenn sie sich zusammenziehen, werden die Rippen angehoben, und der Brustraum vergrößert sich.

Rippen
Die oberen sieben Rippenpaare nennt man wahre Rippen, weil sie über eigene Rippenknorpel mit dem Brustbein verbunden sind. Die übrigen heißen falsche Rippen, da sie nicht selbst am Brustbein enden, sondern sich vorher mit den oberen verbinden. Das elfte und zwölfte Paar hat keinen Anschluß an die anderen Rippen, man nennt sie freie Rippen.

Schwertfortsatz
Der unterste Teil des Brustbeins heißt Schwertfortsatz. Bei jungen Menschen besteht er hauptsächlich aus Knorpel. Wenn du älter wirst, durchsetzen Knochenzellen den Schwertfortsatz, und er entwickelt sich zum Knochen.

Der Weg durchs Zwerchfell
Mehrere lebenswichtige Röhrensysteme führen durch Öffnungen in deinem Zwerchfell. Die großen Blutgefäße bringen Blut zur unteren Körperhälfte und zurück zum Herzen. Die Speiseröhre befördert die Nahrung in den Magen.

Schutz für das Abdomen
Die Leber, der Magen und andere Organe der oberen Bauchhöhle drängen sich eng unter das kuppelförmige Zwerchfell. Hier sind sie durch die unteren Rippen geschützt.

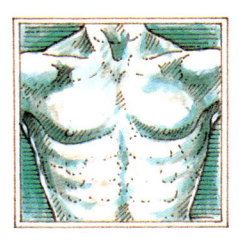

Der obere Rumpf – Rückseite

Viele Muskeln, die deinem oberen Rücken Stärke verleihen, liegen direkt unter der Haut. Tatsächlich kannst du ihre Form am kräftig entwickelten Oberkörper des rechts abgebildeten Bodybuilders erkennen. Aber wenn du unter diese Muskeln sehen könntest, würdest du das wahre Geheimnis des Trägersystems deines Oberkörpers entdecken: ein starkes T-förmiges Gefüge, gebildet aus der Wirbelsäule, dem Rippengürtel und den paarigen Schulterblättern, die mit den Schlüsselbeinen verbunden sind.

Die Rippen umschließen den Brustkorb und grenzen hinten an die Wirbelsäule. Die Enden jedes Rippenpaares bilden Gelenke mit den Wirbelknochen. Zusammen mit den Schulterblättern bilden diese Knochen ein Trägersystem, das stark genug ist, das große Gewicht der Knochen, Muskeln und Organe von Kopf und Brust zu tragen. Es ist aber auch so biegsam, daß du dich strecken oder zusammenkrümmen und deinen Körper von einer Seite zur anderen drehen kannst. Eine tiefe Schicht von Muskeln, einige mit den Rippen verflochten, andere mit knöchernen Fortsätzen der Wirbelsäule verbunden, stellt zusätzliche Biegsamkeit und Festigkeit bereit.

M. deltoideus
M. trapezius
M. triceps
M. latissimus dorsi

Die Umrisse einiger oberflächlicher Muskeln dieses Bodybuilders sind deutlich zu erkennen. Die darunter liegenden Muskeln heißen tiefe Muskeln.

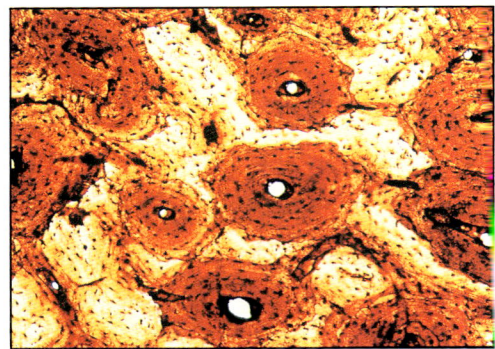

Darstellung des kompakten Knochens, wie er beispielsweise die äußere Schicht eines Wirbels bildet: Innerhalb jeder runden Säule von Knochenzellen liegen die Havers-Kanäle, die Nerven, Blut- und Lymphgefäße enthalten.

Die Rückseite des Rippengürtels

Die Rückansicht des Brustkorbes zeigt die Anordnung der Rippen, ein Paar für jeden Brustwirbel. Die Schulterblätter sind mit den Schlüsselbeinen und den Oberarmknochen verbunden, aber nicht direkt mit den Rippen. Dadurch kann das Schulterblatt ziemlich frei über den hinteren Rippengürtel gleiten und so zur enormen Beweglichkeit in der Schulter beitragen.

Im Inneren eines Wirbels

Der typische Wirbel hat eine äußere Schale aus hartem, dichtem Knochen, die Compacta. Den Kern bildet die wabenförmige Spongiosa, die das rote Knochenmark enthält. Alle roten und viele weiße Blutzellen werden in diesem weichen, fettigen Gewebe gebildet. Über ein Hormonsignal wird das Knochenmark zur Produktion neuer Blutzellen angeregt. Sie reifen dann heran, bis sie schließlich in den Blutkreislauf entlassen werden.

Das Rückgrat deines Körpers

Die beweglichen Verbindungen zwischen den hinteren Enden der Rippen und den Seiten der Wirbel heißen Costovertebral-Gelenke. Eigentlich sind sie jeweils Doppelgelenke. Das Ende der Rippe paßt genau in eine flache Höhle im Wirbelkörper. Ein rückwärtiger Teil der Rippe, das Tuberculum, fügt sich in den Querfortsatz des Wirbels.

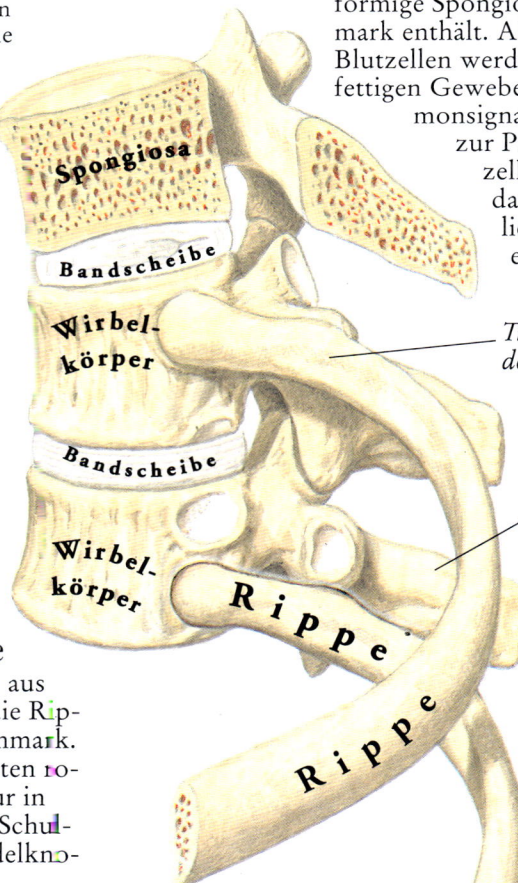

Spongiosa

Bandscheibe

Wirbel-körper

Bandscheibe

Wirbel-körper

Rippe

Rippe

Tuberculum der Rippe

Querfortsatz

M. trapezius

M. deltoideus

M. teres major

M. serratus anterior

Haut

M. latissimus dorsi

Fettschicht

Im Inneren einer Rippe

Unter ihrer dünnen Schale aus kompaktem Knochen ist die Rippe reich an rotem Knochenmark. Nicht alle Knochen enthalten rotes Mark. Man findet es nur in Rippe, Wirbel, Brustbein, Schulterblatt, Becken und Schädelknochen.

M. latissimus dorsi

Der größte Muskel deines Körpers hat eine dreieckige Gestalt. Seine Basis ist an den Brustwirbeln, den unteren Rippen und den Beckenknochen befestigt. Seine Muskelfasern bilden eine Spitze, die zum vorderen Oberarm zieht.

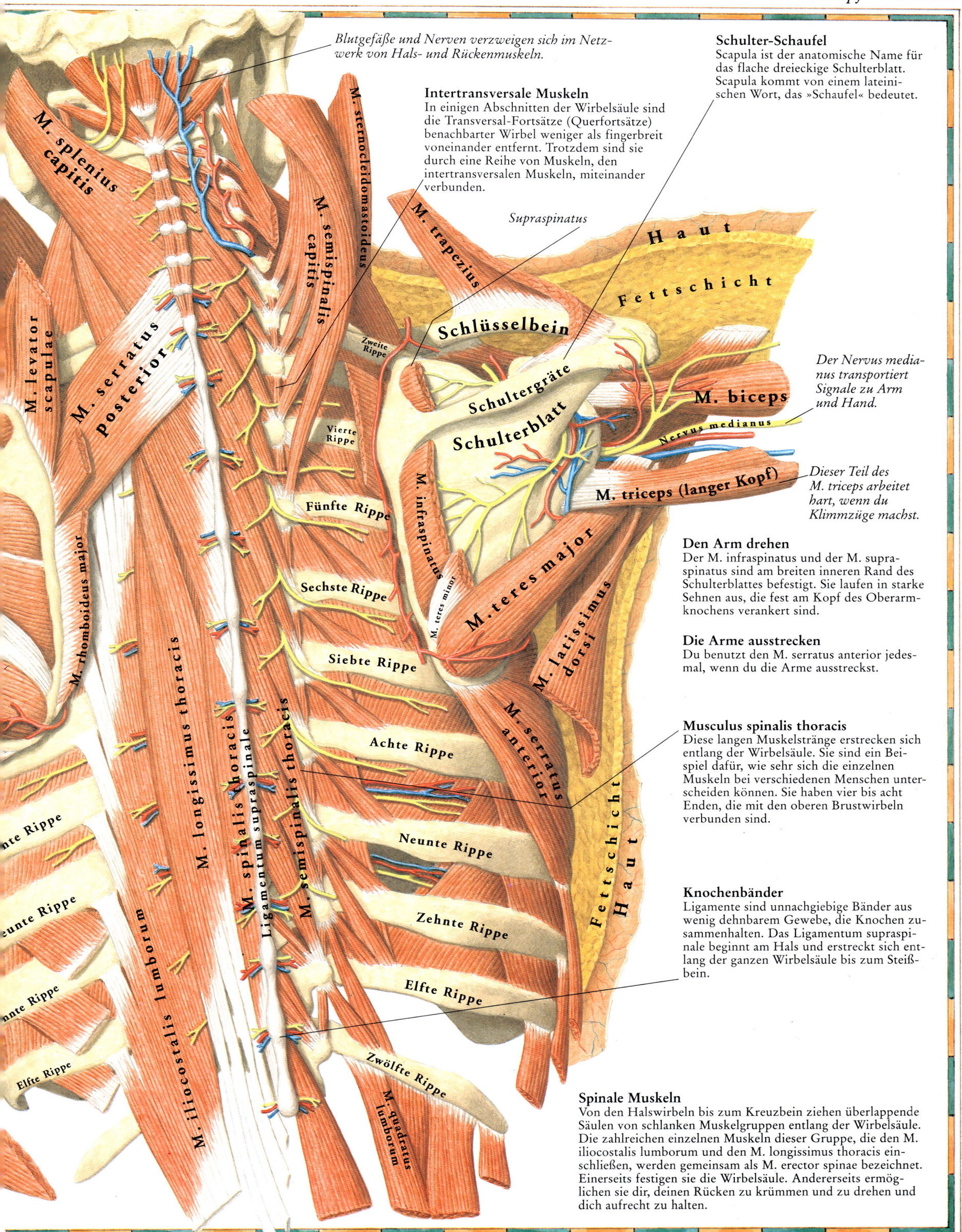

Blutgefäße und Nerven verzweigen sich im Netzwerk von Hals- und Rückenmuskeln.

M. splenius capitis

M. sternocleidomastoideus

M. semispinalis capitis

M. trapezius

M. levator scapulae

M. serratus posterior

Zweite Rippe

Vierte Rippe

Fünfte Rippe

M. infraspinatus

M. rhomboideus major

M. teres minor

Sechste Rippe

Siebte Rippe

M. teres major

M. longissimus thoracis

M. spinalis thoracis

Ligamentum supraspinale

M. semispinalis thoracis

M. serratus anterior

M. latissimus dorsi

Achte Rippe

Neunte Rippe

M. iliocostalis lumborum

Zehnte Rippe

Elfte Rippe

…te Rippe

…unte Rippe

…nte Rippe

Elfte Rippe

Zwölfte Rippe

M. quadratus lumborum

Intertransversale Muskeln
In einigen Abschnitten der Wirbelsäule sind
die Transversal-Fortsätze (Querfortsätze)
benachbarter Wirbel weniger als fingerbreit
voneinander entfernt. Trotzdem sind sie
durch eine Reihe von Muskeln, den
intertransversalen Muskeln, miteinander
verbunden.

Supraspinatus

Schulter-Schaufel
Scapula ist der anatomische Name für
das flache dreieckige Schulterblatt.
Scapula kommt von einem lateinischen Wort, das »Schaufel« bedeutet.

H a u t

F e t t s c h i c h t

Schlüsselbein

Schultergräte

Schulterblatt

*Der Nervus media-
nus transportiert
Signale zu Arm
und Hand.*

M. biceps

Nervus medianus

M. triceps (langer Kopf)

*Dieser Teil des
M. triceps arbeitet
hart, wenn du
Klimmzüge machst.*

Den Arm drehen
Der M. infraspinatus und der M. supra-
spinatus sind am breiten inneren Rand des
Schulterblattes befestigt. Sie laufen in starke
Sehnen aus, die fest am Kopf des Oberarm-
knochens verankert sind.

Die Arme ausstrecken
Du benutzt den M. serratus anterior jedes-
mal, wenn du die Arme ausstreckst.

Musculus spinalis thoracis
Diese langen Muskelstränge erstrecken sich
entlang der Wirbelsäule. Sie sind ein Beispiel dafür, wie sehr sich die einzelnen
Muskeln bei verschiedenen Menschen unterscheiden können. Sie haben vier bis acht
Enden, die mit den oberen Brustwirbeln
verbunden sind.

F e t t s c h i c h t

H a u t

Knochenbänder
Ligamente sind unnachgiebige Bänder aus
wenig dehnbarem Gewebe, die Knochen zu-
sammenhalten. Das Ligamentum supraspinale beginnt am Hals und erstreckt sich entlang der ganzen Wirbelsäule bis zum Steißbein.

Spinale Muskeln
Von den Halswirbeln bis zum Kreuzbein ziehen überlappende
Säulen von schlanken Muskelgruppen entlang der Wirbelsäule.
Die zahlreichen einzelnen Muskeln dieser Gruppe, die den M.
iliocostalis lumborum und den M. longissimus thoracis ein-
schließen, werden gemeinsam als M. erector spinae bezeichnet.
Einerseits festigen sie die Wirbelsäule. Andererseits ermöglichen sie dir, deinen Rücken zu krümmen und zu drehen und
dich aufrecht zu halten.

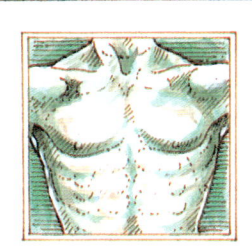

Die Lungen

Atme tief ein! Beobachte, wie dein Brust-korb anschwillt, wenn sich die Lungen mit Luft füllen. Aufgabe der Lungen ist es, dieser Luft den Sauerstoff zu entnehmen, und ihn in gelöster Form an das Blut abzugeben. Der Sauer-stoff wird gegen überschüssiges Kohlendioxid ausgetauscht, das ebenfalls im Blut gelöst ist. Dieses wird dann abgeatmet. Es gibt nur wenig Spielraum in diesem System. Wenn der Sauerstoff knapp wird oder das Kohlendioxid ansteigt, kann der Tod innerhalb von Minuten folgen.

Die Luftröhre zweigt sich in immer kleinere Äste auf. Sie enden in mikroskopisch kleinen »Luftbläschen«, den Alveo-len. Es gibt 300-350 Millionen Alveolen in jedem Lungen-flügel. In ihnen findet der Gasaustausch – Sauerstoff gegen Kohlendioxid – statt. Luft und Blut sind durch einen Film von Flüssigkeit und Membranen getrennt, der nur 0,0001 mm dünn ist.

Die Lappen der Lunge

Es gibt zwei Lungenflügel in deiner Brust, aber sie sind nicht genau gleich. Der rechte hat drei Lappen oder Ab-schnitte. Der linke hat nur zwei Lappen, um dem Herzen Raum zu lassen.

Die Lungenspitzen reichen bis an die inneren Enden der Schlüsselbeine. Die Lungenbasen liegen auf der kuppel-förmigen Schicht des größten Atemmuskels, dem Zwerch-fell.

Pleura

Die Lungenflügel sind von einer glatten, zweilagigen Mem-bran eingehüllt, der Pleura. Die innere Schicht oder Pleura visceralis folgt eng dem Umriß der Lungen. Sie faltet sich um und über sich selbst, um die äußere Schicht, oder Pleura parietalis, zu bilden.

Zwischen den beiden Blättern der Pleura ist ein schma-ler Spalt, der die Pleuraflüssigkeit enthält. Sie hält die Lungen gleitfähig für die Atembewegungen.

Einatmung und Ausatmung

Wenn du einatmest, spannt sich dein Zwerchfell an. Seine Kuppelform flacht sich ab, während die Brust-muskulatur die Rippen nach oben und außen zieht. Deine Brusthöhle und deine Lungen dehnen sich aus, die Luft strömt durch die Luftröhre in deine Lungen-flügel.

Wenn du ausatmest, erschlaffen beide Muskel-systeme. Die Rippen fallen zurück. Das Zwerchfell wird nach oben geschoben. Die Luft wird so nach draußen gepreßt, und die Lungenflügel schrumpfen auf ihre Ausgangsgröße.

Einatmen ...

... und ausatmen

Das Zwerchfell spannt sich an und zieht die Lungenbasen nach unten.

Das Zwerchfell erschlafft, die Lungenbasen weichen nach oben zurück.

Intercostalmuskeln zwischen den Rippen

Lungen-gewebe

Pleura visceralis

Pleura parietalis

Faszie (Bindegewebe)

Lungenschichten

Diese Ansicht zeigt die Schichten der Lunge von den Rippen und Intercostalmuskeln außen bis hin zum Lungengewebe innen.

Kehlkopf

Schilddrüse

Rechte Arteria carotis

Rechte Vena jugularis

Vena thyroidea

Luftröhre

Linke Arteri

Lin

Rechte Vena subclavia

Obere Hohlvene

Lungenspitze

Aorta

Pleura Parietalis

Pleura visceralis

Oberlappen

Vene

Arterie

Vene

Mittellappen

Herz

Unterlappen

Herzbeut

Zwerchfell

Aorta abdominalis

Herzbeutel

Diese zweischichtige Membran umschließt das Herz.

Klimaanlage

Bevor eingeatmete Luft in die Lungen kommt, wird sie in deiner Nase »behandelt«. Nasenhaare und Sekret binden Staub und andere Teilchen. Gleichzeitig wird kalte Luft erwärmt und trockene befeuchtet.

Luftröhre

Unterhalb des Kehlkopfes liegt die Luftröhre. Sie führt die Atemluft in die Lungen. Etwa 20 C-förmige Knorpelspangen halten sie offen, auch wenn du den Hals drehst.

Haarige Wand

Tausende kleine Härchen, genannt Zilien, säumen die Innenwände deiner Atemwege. Ihre Bewegungen befördern Schleim und Staub aus den Lungen in Richtung Rachen.

Jugularis

Vena subclavia

Arteria monalis

Oberlappen

Vene

Arterie

Bronchus Bronchiole

Unterlappen

Lungeninhalt

Während du dieses Buch liest, atmest du etwa 15mal in der Minute, jeweils etwa einen halben Liter Luft. Wenn du rennst, kann sich deine Atemfrequenz verdoppeln, und du nimmst fünfmal soviel Luft auf wie normal.

Drei Bäume

Die Strukturen im Inneren deiner Lunge ähneln drei umgekehrten Bäumen. Einer ist der Bronchialbaum, in dem sich die Luftröhre in immer kleinere Bronchiolen verzweigt. Ein zweiter ist die Pulmonalarterie, die das Blut vom Herzen bringt. Sie teilt sich in immer kleinere Arteriolen und schließlich in die Kapillaren. Der dritte wird vom Netzwerk der Lungenvenen und ihrer Äste (Venolen) gebildet, die das aufgefrischte Blut zurück zum Herzen führen.

Im Inneren der Alveole

Die Wand der Alveole wird von einer einzigen Lage dünner, flacher Zellen gebildet. Die Wände der umgebenden Kapillaren sind ähnlich gebaut. Dadurch ist die Luft in der Alveole den Blutzellen in der Kapillare sehr nahe. Der Sauerstoff hat einen sehr kurzen Weg von der Lunge in den Blutstrom.

Zwerchfell

Zwerchfell

Es zieht sich unwillkürlich zusammen, also ohne deine bewußte Kontrolle. Signale aus dem Gehirn lösen diese Bewegungen aus.

Schluckauf

Manchmal bekommst du bei schnellem Essen einen Schluckauf. Erst zieht sich das Zwerchfell kurz zusammen, weil seine Nerven gereizt werden. Dann schnappt beim Einatmen eine kleine Hautlasche über deiner Speiseröhre zu. Dabei entsteht dieses »klickende« Geräusch.

Arteriole

Venole

Knorpel

Zarte Muskeln

Netzwerk aus Kapillaren

Alveolen

Elastische Fasern

Alveolen

Die kleinsten Luftwege der Lungen, die terminalen Bronchiolen, sehen aus wie die dünnen Zweige einer Weinrebe. Die »Trauben« sind luftgefüllte Säckchen, die Alveolen. Etwa 700 Millionen davon drängen sich in deinen Lungen. Die Arterien in deinen Lungen verästeln sich in immer kleinere Blutgefäße. Die kleinsten, die Kapillaren, umhüllen die Alveolen.

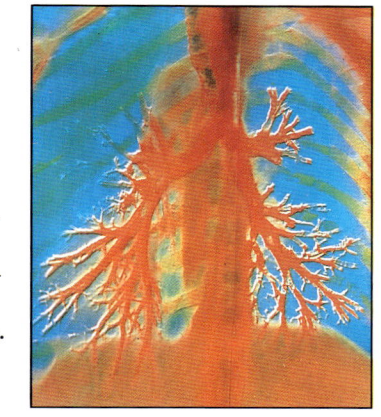

Auf dieser Röntgenaufnahme verzweigen sich die Bronchiolen wie Bäume in der Brusthöhle.

Schleimhaut

Die inneren Wände des Atemtraktes werden von Schleimhaut ausgekleidet. Hier wird ein Sekret gebildet, das die Atemwege vor Austrocknung schützt.

Schneller Gasaustausch

Die Aveolen vergrößern die Lungenoberfläche. Dadurch wird der Gasaustausch erleichtert. Flach ausgebreitet würden die Alveolen eine Fläche so groß wie ein Tennisplatz bedecken.

Gähnen

Niemand weiß genau, wodurch der Gähnreflex ausgelöst wird. Meist folgt er aber auf eine Reihe oberflächlicher Atemzüge, z. B. wenn du müde bist.

Makrophagen

Diese kleinen »Freßzellen« im Inneren der Alveolen nehmen Staub oder Teile von Bakterien auf, die in deine Lungen gelangt sind.

Zellen der Alveolenwand

Zellen der Kapillarwand

Venole

Arteriole

Alveole

Bindegewebe

Makrophagen

Kapillare

27

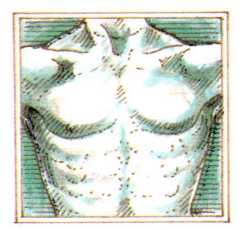

Das Herz und die großen Blutgefäße

Das Herz liegt eingebettet zwischen den unteren Lungenflügeln. Es ist ein faustgroßer, von Muskeln umschlossener Hohlraum und besteht aus zwei Teilen, dem linken und dem rechten Herzen. Sie werden durch eine Wand getrennt, die man Septum nennt.

Das linke Herz (im Bild rechts dargestellt) pumpt hellrotes, sauerstoffreiches Blut in die größte Arterie des Körpers, die Aorta. Diese verzweigt sich in ein Netzwerk von Blutgefäßen, die alle Körpergewebe mit Blut versorgen. Das nun dunkelrote und sauerstoffarme Blut fließt über die Venen zurück zum rechten Herzen. Von hier wird das Blut weiter in die Lungen gepumpt, wo es durch Aufnahme von Sauerstoff aus der Atemluft wieder hellrote Farbe annimmt. Es fließt zurück zum linken Herzen, und der Kreislauf beginnt von neuem.

Unser Leben ist abhängig von der Funktion unseres Herzens, das mehr als einmal pro Sekunde das Blut in das ungefähr 150 000 km umfassende Netzwerk von Blutgefäßen pumpt.

Herzkranzgefäße

Wie alle anderen Körperorgane ist auch das Herz auf die Versorgung mit Blut angewiesen. Die Herzkammern selbst können diese Versorgung nicht leisten. Der Druck im linken Herzen ist zu hoch, das rechte Herz enthält nur sauerstoffarmes Blut. Deshalb wird der Herzmuskel, der die Wand des Herzens bildet und Myokard genannt wird, von Blutgefäßen versorgt, die aus der Aorta entspringen. Diese heißen Koronar- oder Herzkranzarterien. Sie teilen sich wie die Äste eines Baumes in immer kleinere Gefäße auf, die in den Herzmuskel eindringen und ihn mit Sauerstoff und Nährstoffen versorgen.

Herzkranzarterie

Die obere Hohlvene

Diese große Vene bringt verbrauchtes Blut vom Kopf, den Armen und der oberen Körperhälfte zurück zum Herzen. Die untere Hohlvene führt sauerstoffarmes Blut aus den unteren Körperabschnitten zum rechten Vorhof.

Die Herzkranzarterien

Die beiden Herzkranzarterien (linke und rechte) sind dünner als Strohhalme. Auf jeder Seite verläuft eine Herzkranzarterie um das Herz herum und dringt von außen in den Herzmuskel ein.

Die Pulmonalarterien

Es sind die beiden einzigen Arterien des Körpers, die dunkles, sauerstoffarmes Blut transportieren. Sie bringen es zur Lunge, wo es wieder mit Sauerstoff angereichert wird.

Die glatten Gefäßwände lassen das Blut mühelos entlangfließen.

Mehrere Schichten von dehnbaren Muskeln und Geweben ermöglichen es den Gefäßen, dem Druck des durchfließenden Blutes standzuhalten.

Obere Hohlvene

Rechte Pulmonalvene

Vorh

Fett

Rechte Herzkranzarterie

Linke Pulmonalvene

Herzkranzarterie

Rechte Pulmonalvene

Rechtsseitige Herznerven

Vorhöfe und Kammern

Das Herz besteht aus dem rechten Vorhof und der rechten Kammer (rechtes Herz) sowie dem linken Vorhof und der linken Kammer (linkes Herz). Die Vorhöfe erhalten ihr Blut aus den großen Venen. Die Kammern pumpen das Blut in die Arterien, die vom Herzen wegführen.

Die Trikuspidalklappe

Diese dreizipflige Klappe zwischen rechtem Vorhof und rechter Kammer sorgt dafür, daß beim kräftigen Auspumpen der Kammer kein Blut in den Vorhof fließen kann.

Die Herzscheidewand

Diese muskuläre Trennwand liegt nicht ganz in der Herzmitte. Das linke Herz, das Blut durch den gesamten Körper pumpen muß, benötigt mehr Muskulatur und ist daher größer als das rechte.

Untere Hohlvene

Die Arbeit der Herzklappen

Eine Reihe von Klappen sorgt dafür, daß dein Blut nur in eine Richtung fließen kann. An den zwei Ausgängen des Herzens zu den großen Arterien befinden sich halbmondförmige Klappen. Wenn das Herz pumpt, öffnen sich ihre starken, beweglichen Segel in Richtung Arterienwand und geben dem Blut den Weg in die gewünschte Richtung frei. In der Füllungsphase des Herzens spannen sich die Segel an und legen sich mit ihren Rändern dicht aneinander. So verhindern sie den Rückstrom des Blutes.

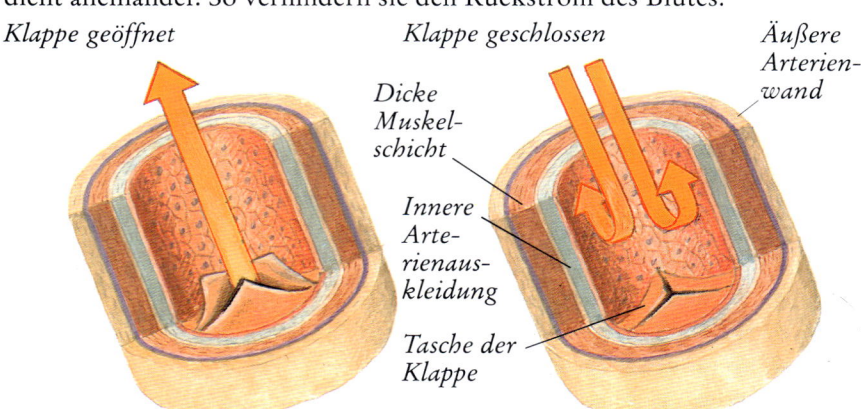

Klappe geöffnet

Klappe geschlossen

Äußere Arterienwand

Dicke Muskelschicht

Innere Arterienauskleidung

Tasche der Klappe

Das Blut fließt den richtigen Weg.   *Klappe abgedichtet, Rückstrom verhindert.*

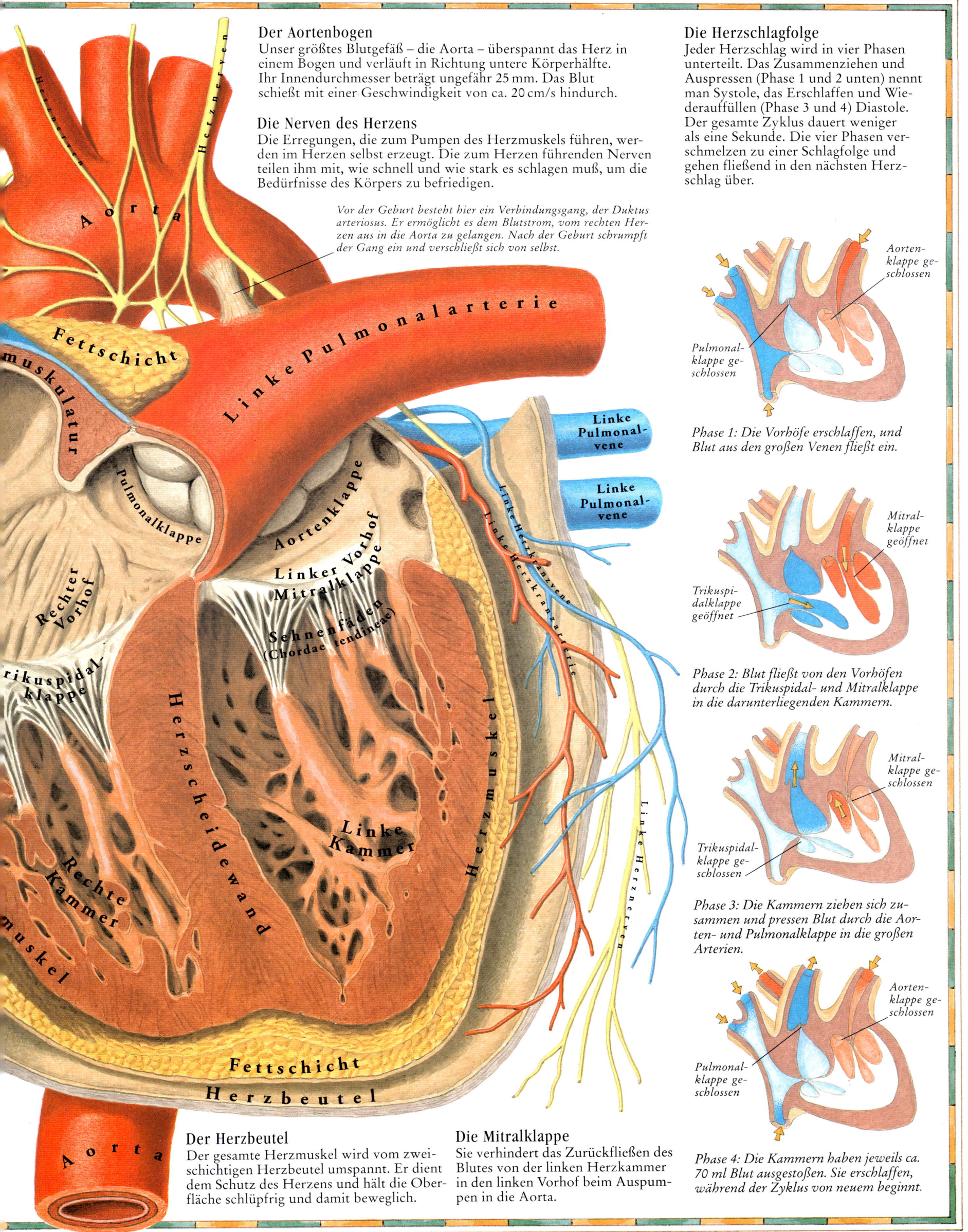

Der Aortenbogen

Unser größtes Blutgefäß – die Aorta – überspannt das Herz in einem Bogen und verläuft in Richtung untere Körperhälfte. Ihr Innendurchmesser beträgt ungefähr 25 mm. Das Blut schießt mit einer Geschwindigkeit von ca. 20 cm/s hindurch.

Die Nerven des Herzens

Die Erregungen, die zum Pumpen des Herzmuskels führen, werden im Herzen selbst erzeugt. Die zum Herzen führenden Nerven teilen ihm mit, wie schnell und wie stark es schlagen muß, um die Bedürfnisse des Körpers zu befriedigen.

Vor der Geburt besteht hier ein Verbindungsgang, der Duktus arteriosus. Er ermöglicht es dem Blutstrom, vom rechten Herzen aus in die Aorta zu gelangen. Nach der Geburt schrumpft der Gang ein und verschließt sich von selbst.

Die Herzschlagfolge

Jeder Herzschlag wird in vier Phasen unterteilt. Das Zusammenziehen und Auspressen (Phase 1 und 2 unten) nennt man Systole, das Erschlaffen und Wiederauffüllen (Phase 3 und 4) Diastole. Der gesamte Zyklus dauert weniger als eine Sekunde. Die vier Phasen verschmelzen zu einer Schlagfolge und gehen fließend in den nächsten Herzschlag über.

Aortenklappe geschlossen

Pulmonalklappe geschlossen

Phase 1: Die Vorhöfe erschlaffen, und Blut aus den großen Venen fließt ein.

Mitralklappe geöffnet

Trikuspidalklappe geöffnet

Phase 2: Blut fließt von den Vorhöfen durch die Trikuspidal- und Mitralklappe in die darunterliegenden Kammern.

Mitralklappe geschlossen

Trikuspidalklappe geschlossen

Phase 3: Die Kammern ziehen sich zusammen und pressen Blut durch die Aorten- und Pulmonalklappe in die großen Arterien.

Aortenklappe geschlossen

Pulmonalklappe geschlossen

Phase 4: Die Kammern haben jeweils ca. 70 ml Blut ausgestoßen. Sie erschlaffen, während der Zyklus von neuem beginnt.

Der Herzbeutel

Der gesamte Herzmuskel wird vom zweischichtigen Herzbeutel umspannt. Er dient dem Schutz des Herzens und hält die Oberfläche schlüpfrig und damit beweglich.

Die Mitralklappe

Sie verhindert das Zurückfließen des Blutes von der linken Herzkammer in den linken Vorhof beim Auspumpen in die Aorta.

Labels on illustration: Herznerven · Aorta · Fettschicht · muskulatur · Pulmonalklappe · Linke Pulmonalarterie · Linke Pulmonalvene · Linke Pulmonalvene · Aortenklappe · Linker Vorhof · Mitralklappe · Sehnenfäden (Chordae tendineae) · Linke Herzkranzvene · Linke Herzkranzarterie · Linke Herznerven · Rechter Vorhof · Trikuspidalklappe · Herzscheidewand · Herzmuskel · Linke Kammer · Rechte Kammer · muskel · Fettschicht · Herzbeutel · Aorta

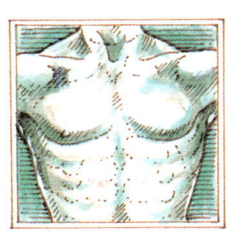

Der obere Rücken

Strecke deine Arme zur Seite aus. Fühle die Muskelanspannung in deinen Oberarmen und Schultern und in deinem Rücken, besonders zwischen den Schulterblättern! Nach einiger Zeit beginnst du zu spüren, wie schwer deine Arme und Hände sind – mit all ihren Knochen, Muskeln, Blutgefäßen und Nerven.

Die kräftigen, untereinander verflochtenen Muskeln deines oberen Rückens und deiner Schultern werden auf dieser Doppelseite gezeigt. Sie müssen stark genug sein, deine Arme und Hände hochzuheben und zu bewegen – und dazu noch schwere Gegenstände, die du trägst.

Strecke beide Arme senkrecht nach oben. Halte sie dann ausgestreckt vor deinen Körper, die Handflächen zusammen. Bewege sie gerade nach hinten, so weit es geht. Senke sie hinter deinen Rücken ab, und laß sie an deinen Seiten herunterhängen. Dies zeigt dir die enorme Vielfalt an Bewegungen, die dir deine Schultern ermöglichen. Die Schultergelenke gehören zu den beweglichsten Gelenken deines Körpers.

Ein Blick nach hinten
Als Gerüst für die mächtigen Muskeln des oberen Rückens dienen Rippengürtel, Schulterblätter und Schultergelenke. Die meisten Gelenke deines Körpers sind deshalb stabil, weil die beteiligten Knochen genau ineinander passen und durch Bänder gehalten werden.

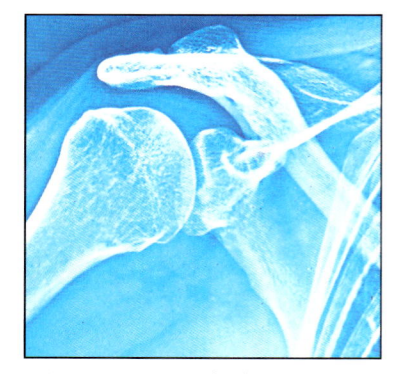

Diese Röntgenaufnahme zeigt die drei Knochen, die sich am Schultergelenk treffen: Scapula (Schulterblatt), Clavicula (Schlüsselbein) und Humerus (Oberarm).

Im Inneren
Ein glatter Knorpel bedeckt die Gelenkflächen von Oberarm und Schulterblatt. Er verringert die Reibung, wenn du das Gelenk bewegst. Eine Kapsel aus unnachgiebigen Bändern umschließt das Gelenk.

Das Schultergelenk
Dies ist ein Kugel-Pfannen-Gelenk. Die Kugel ist der runde Kopf des Oberarmknochens, die Pfanne eine Höhle im Schulterblatt. Um einen möglichst großen Bewegungsspielraum zu gestatten, ist die Pfanne nicht so tief wie die deines Hüftgelenkes. Daher kann das Schultergelenk auch leichter »ausgekugelt« werden, z. B. beim Sport.

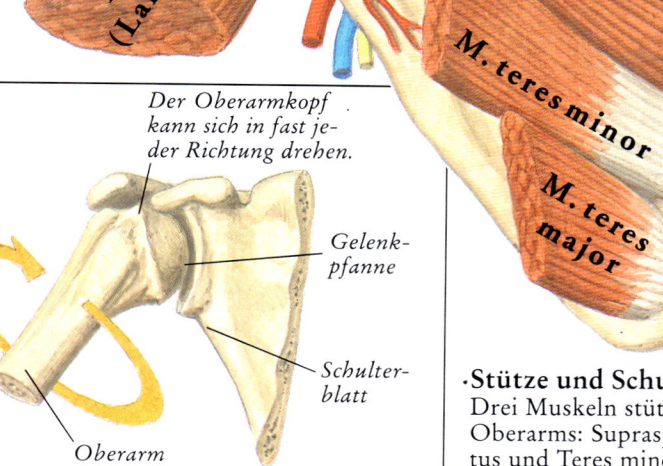

Der Oberarmkopf kann sich in fast jeder Richtung drehen.

Gelenk-pfanne

Schulter-blatt

Oberarm

·Stütze und Schutz
Drei Muskeln stützen den Kopf des Oberarms: Supraspinatus, Infraspinatus und Teres minor. Sie schützen das Gelenk und geben ihm Festigkeit.

M. semispinalis capitis

M. splendus capitis

M. trapezius

Erste Rippe

Zweite Rippe

Dritte Rippe

M. supraspinatus

Arcromion

Schulterblatt

M. semispinalis

M. infraspinalis

Schulterblatt-Arterie

M. supra-spinatus

M. infra-spinatus

Gelenkkapsel

Gelenk-pfanne

Oberarm-kopf

M. biceps

M. deltoideus

Oberarmknochen

M. teres minor

M. teres minor

M. triceps (Langer Kopf)

Achte Rippe

Neunte Rippe

M. teres minor

M. teres major

Arm-Arterie
Die Arteria brachialis bringt Blut zu den Muskeln und Gelenken des
Oberarmes. Wenn der Arzt deinen Blutdruck mißt, hört er mit dem
Stethoskop die Geräusche über dieser Arterie.

Stirnlastiger Kopf
Dein Kopf liegt über der Wirbelsäule nicht genau im Gleichgewicht. Die
Verbindung von Kopf und Hals liegt mehr zum Hinterkopf hin, somit
ist der Kopf stirnlastig. Das Gewicht von Kiefer, Zähnen und Gesichtsmuskeln kommt noch hinzu. Deshalb müssen die Muskeln auf der Rückseite des Halses ständig angespannt sein, um den Kopf gerade zu halten.

Der M. deltoideus
Dieser Muskel ist an fast allen Bewegungen von Schulter
und Oberarm beteiligt. Seine oberen Enden sind an
Schlüsselbein und Schulterblatt befestigt, sein unteres
Ende am Schaft des Oberarmes.

M. biceps

Fettschicht

Oberarm

Nervus radialis

Arteria brachialis

M. deltoideus

Haut

M. levator scapulae

Nervus scapularis

Vena jugularis

Arteria subclavia

Vena subclavia

rhomboideus minor

Schlüsselbein

Acromion

M. supraspinatus

Schultergräte

M. deltoideus

Schulterblatt

M. rhomboideus major

M. infraspinatus

M. teres minor

M. teres major

M. teres major

M. spinalis thoracis

Der lange Kopf
Der M. triceps hat
drei Köpfe. Der
lange Kopf befe-
stigt den Muskel
am Schulterblatt,
gleich unterhalb
der Schulter-
gelenkspfanne.

M. triceps brachii
(langer Kopf)

Die Lymphknoten der Achselhöhle
In jeder Achselhöhle liegen Trauben von
runden Lymphknoten. Sie filtrieren die
Lymphflüssigkeit. Sie enthalten außer-
dem Lymphozyten, weiße Blutzellen, die
Krankheitserreger bekämpfen.

*Die Lymphflüssigkeit fließt
durch kleine Einbahnröhren
(Lymphgefäße) in den
Lymphknoten.*

Lymphgefäß

*Die filtrierte
Lymphe
kommt
zurück in
den Lymph-
kreislauf.*

Lymphknoten

*Lymphozyten im Inneren
des Lymphknotens bilden
ein Netz. Wenn Bakterien
durchkommen, werden sie
aufgefangen.*

Gleichgewicht
Die Muskeln, die entlang der Wirbelsäule ziehen, halten deinen Körper aufrecht und gerade.

Neunte Rippe

Zehnte Rippe

Elfte Rippe

Aorta

M. spinalis thoracis
Dieser Muskel umgibt die
Wirbelsäule. Du brauchst
ihn, um eine tiefe Verbeu-
gung zu machen.

Schulterblätter
Deine Schulterblätter sind flach und dreieckig.
Wie ein Paar Flügel sitzen sie an der oberen
Rückseite des Rippengürtels. Jedes hat zwei
Fortsätze, das Acromion hinten und das Cora-
coid vorn. An ihnen setzen die Muskeln an. Die
Fortsätze bilden einen Bogen über der Gelenk-
pfanne, in welcher der Oberarmkopf liegt.

Niesen
Wenn du Staubkörnchen oder Pfeffer einatmest,
mußt du niesen. Deine Schulter-, Rücken- und
Bauchmuskeln ziehen sich kurz zusammen,
um die Luft über die Nase auszustoßen. Der
Musculus rhomboideus major hält während-
dessen Kopf und Hals aufrecht.

Mikroskopische Aufnahme des Zen-
trums eines Lymphknotens mit 100fach
vergrößerten Lymphozyten

Die Wirbelsäule

Die Wirbelsäule verläuft in der Mitte deines Rückens. Sie ist ein lebenswichtiger, beweglicher Strang aus eng verbundenen Knochen, den Wirbeln. Sie sind durch Gelenke miteinander verbunden, die eine geringe Bewegung gegen den jeweils darüberliegenden Knochen erlauben.

Über die gesamte Länge der Wirbelsäule gerechnet, summieren sich diese Bewegungen jedoch. So läßt dich deine Wirbelsäule den Rumpf drehen, deine Zehen berühren oder einen Purzelbaum schlagen.

Die Wirbelsäule beherbergt das Rückenmark. Dieses dicke Nervenbündel übermittelt Informationen vom Gehirn an alle Teile deines Körpers und genauso in die andere Richtung. Das Rückenmark verläuft, vom Gehirn kommend, in einem Kanal, der durch Löcher in den Wirbeln gebildet wird. Vor und seitlich der Wirbelsäule liegen die Muskeln, Blutgefäße und Nerven.

Seitenansicht
Von der Seite betrachtet, hat die Wirbelsäule eine S-förmige Krümmung. Im Hals und im oberen Brustkorb ist sie nach hinten gebogen, im unteren Rücken nach vorn. Du hast 24 eigenständige Wirbel: sieben Halswirbel, zwölf Brustwirbel und fünf Lendenwirbel. Darunter liegen das dreieckige Kreuzbein und das schwanzähnliche Steißbein.

Gekrümmte Wirbelsäule
Deine Wirbelsäule hat drei wesentliche Krümmungen im Hals-, Brust- und Lendenwirbelbereich. Sie helfen mit, den Oberkörper im Gleichgewicht zu halten. Die Halskrümmung entwickelt sich, wenn du als Baby lernst, deinen Kopf selbst zu halten.

Halswirbel
Die Querfortsätze entspringen aus jedem Wirbel. Durch Öffnungen in diesen Fortsätzen verläuft die Arteria vertebralis. Der siebte Halswirbel hat einen besonders langen Dornfortsatz, den du im Nacken durch die Haut fühlen kannst.

Brustwirbel
Die Brustwirbel stellen Träger für den Rippengürtel dar. Über Gelenkflächen an ihren hinteren Körpern sind sie mit den Rippen verbunden. Sie arbeiten mit den Halswirbeln zusammen, wenn du dich bückst, um deine Schuhe zu binden.

Rückansicht
Die Dornfortsätze deiner Wirbelknochen stehen wie Haken nach hinten ab. Sie dienen den Muskeln als Ansatzpunkt, die deine Wirbelsäule aufrecht halten. Sie verhindern, daß dein stirnlastiger Körper nach vorn kippt. Das Rückenmark erstreckt sich nicht bis zum Ende der Wirbelsäule. Etwa auf Höhe des Zweiten Lendenwirbels teilt es sich in viele eigenständige Nerven auf.

Die Wirbelsäule dieser Akrobatin läßt sich fast bis zum Kreis krümmen.

Labels (Rückansicht)
Schädelknochen
Hinterhaupt-Nerven
Hinterhaupt-Nerven
Atlas
Axis
3 4 5 6
Siebter Halswirbel
Erster Brustwirbel
2 3
Rechte Arteria subclavia
Vena subclavia aus der rechten Schulter
Hinterhauptbein
Linke Vena

Labels (Seitenansicht)
Schädelknochen
Vena temporalis
Arteria temporalis
Ohrmuschel
Hinterhaupt-Nerven
Arteria vertebralis
Atlas
Wirbelsäule und Schädelknochen sind über den Atlas verbunden. Zwei Fortsätze des Hinterhauptes liegen in zwei Höhlen des Atlas. Die Gelenke erlauben dir z. B., zum Himmel zu schauen.
Axis
Ein knöcherner, zahnartiger Fortsatz des Axis paßt in einen Ring des darüberliegenden Atlas. Dieses Gelenk ermöglicht dir, über deine Schulter nach hinten zu sehen.
Arteria subclavia zur linken Schulter
Halskrümmung
Br

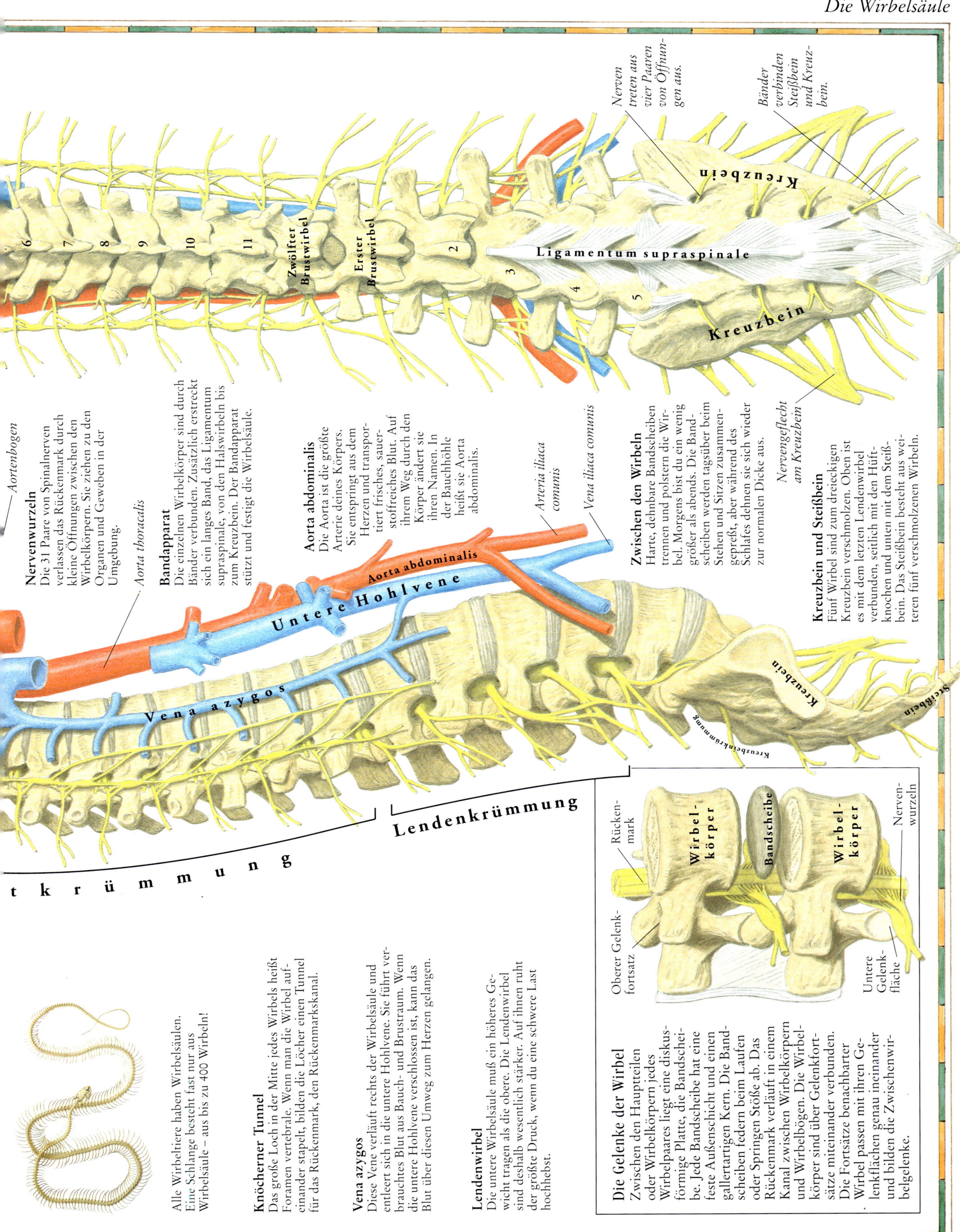

Nervenwurzeln
Die 31 Paare von Spinalnerven verlassen das Rückenmark durch kleine Öffnungen zwischen den Wirbelkörpern. Sie ziehen zu den Organen und Geweben in der Umgebung.

Bandapparat
Die einzelnen Wirbelkörper sind durch Bänder verbunden. Zusätzlich erstreckt sich ein langes Band, das Ligamentum supraspinale, von den Halswirbeln bis zum Kreuzbein. Der Bandapparat stützt und festigt die Wirbelsäule.

Aorta abdominalis
Die Aorta ist die größte Arterie deines Körpers. Sie entspringt aus dem Herzen und transportiert frisches, sauerstoffreiches Blut. Auf ihrem Weg durch den Körper ändert sie ihren Namen. In der Bauchhöhle heißt sie Aorta abdominalis.

Zwischen den Wirbeln
Harte, dehnbare Bandscheiben trennen und polstern die Wirbel. Morgens bist du ein wenig größer als abends. Die Bandscheiben werden tagsüber beim Stehen und Sitzen zusammengepreßt, aber während des Schlafes dehnen sie sich wieder zur normalen Dicke aus.

Kreuzbein und Steißbein
Fünf Wirbel sind zum dreieckigen Kreuzbein verschmolzen. Oben ist es mit dem letzten Lendenwirbel verbunden, seitlich mit den Hüftknochen und unten mit dem Steißbein. Das Steißbein besteht aus weiteren fünf verschmolzenen Wirbeln.

Alle Wirbeltiere haben Wirbelsäulen. Eine Schlange besteht fast nur aus Wirbelsäule – aus bis zu 400 Wirbeln!

Knöcherner Tunnel
Das große Loch in der Mitte jedes Wirbels heißt Foramen vertebrale. Wenn man die Wirbel aufeinander stapelt, bilden die Löcher einen Tunnel für das Rückenmark, den Rückenmarkskanal.

Vena azygos
Diese Vene verläuft rechts der Wirbelsäule und entleert sich in die untere Hohlvene. Sie führt verbrauchtes Blut aus Bauch- und Brustraum. Wenn die untere Hohlvene verschlossen ist, kann das Blut über diesen Umweg zum Herzen gelangen.

Lendenwirbel
Die untere Wirbelsäule muß ein höheres Gewicht tragen als die obere. Die Lendenwirbel sind deshalb wesentlich stärker. Auf ihnen ruht die größte Last, wenn du eine schwere Last hochhebst.

Die Gelenke der Wirbel
Zwischen den Hauptteilen oder Wirbelkörpern jedes Wirbelpaares liegt eine diskusförmige Platte, die Bandscheibe. Jede Bandscheibe hat eine feste Außenschicht und einen gallertartigen Kern. Die Bandscheiben federn beim Laufen oder Springen Stöße ab. Das Rückenmark verläuft in einem Kanal zwischen Wirbelkörpern und Wirbelbögen. Die Wirbelkörper sind über Gelenkfortsätze miteinander verbunden. Die Fortsätze benachbarter Wirbel passen mit ihren Gelenkflächen genau ineinander und bilden die Zwischenwirbelgelenke.

Arm und Hand

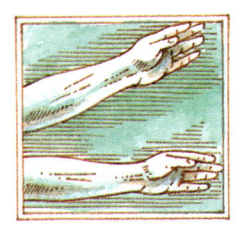

Du spazierst mit einer Taschenlampe spät in der Nacht durch einen Garten. Plötzlich erlischt das Licht, und du stehst in der Dunkelheit – instinktiv streckst du deine Arme nach vorne, spreizt die Finger, tastest nach der geringsten Berührung. Deine Arme und Hände sind wichtig wegen ihrer Fähigkeit, sowohl zu fühlen als auch zu greifen und zu handeln.

Beim Weiterlaufen berührt einer deiner Finger etwas Spitzes. Du reagierst sofort – deine Hand zuckt zurück. Dann geht deine Taschenlampe wieder an, und du kannst sehen, was es war: eine stachelige Distel. Die Haut deiner Fingerspitzen nahm die Spitze eines Dornes wahr. Nervensignale funkten die Information an dein Gehirn. Dein Gehirn sendete Nervensignale an die vielen Muskeln deines Armes. Diese Muskeln zogen sich zusammen und rissen deine Hand weg von der Distel. Das alles geschah in Bruchteilen einer Sekunde.

Jonglierende Hände

Während der Jongleur wirft und fängt, folgen seine Augen der Bahn der Bälle. Seine Muskeln bringen die Arme und Hände immer in die richtige Position – genau dorthin, wo die Bälle herabfallen. Die Haut seiner Hände bestätigt den Kontakt und sichert das Ergreifen der Bälle, während die Muskeln sich gleichzeitig auf den nächsten Wurf vorbereiten. Es ist eine erstaunliche Folge von schnellen und zielgenauen Bewegungen.

Die Empfindung

Menschliche Arme und Hände sind unglaublich beweglich. Ihr kompliziertes Netzwerk von Nerven, Blutgefäßen und Muskeln macht sie zu einer der leistungsfähigsten und geschicktesten Erfindungen der Natur. Nervenendungen und Ansammlungen von Empfindungs-Rezeptoren in der Haut, vor allem in besonders gefühlvollen Zonen wie den Fingerspitzen, senden Botschaften an dein Gehirn. Dein Gehirn gibt daraufhin Befehle an deine Muskeln, und dein Körper kann entsprechend reagieren.

Handgelenks-Bänder

Etwa zehn große Blutgefäße und Nerven sowie über zwanzig Sehnen verlaufen im Bereich des Handgelenks. Sie werden von zwei faserigen Bändern umspannt, die zusammen wie ein breites, direkt unter der Haut liegendes Uhrenarmband aussehen. Das der Handfläche zugewandte Band heißt Retinaculum flexorum (hier nicht abgebildet), das dem Handrücken zugewandte Retinaculum extensorum. Dieses ist hier zerschnitten dargestellt, um die darunter liegenden Sehnen zu zeigen.

Der zweite Finger heißt im Lateinischen »Index«, das bedeutet »zeigen« – daher Zeigefinger.

Bildbeschriftungen

Retinaculum extensorum

Daumen
Vena cephalica
M. extensor pollicis longus
Sehnen der Fingerstreck-Muskeln
M. interosseus dorsalis
M. abductor pollicis brevis
M. exten carpi radi
M. extensor digitorum
M. interosseus dorsalis
M. extensor carpi ulnaris
Nervus radialis
Haut
Fettschicht
Streck-Sehne
M. interosseus dorsalis
Netzwerk der Handrücken-Venen
Vena basilica
Nervus ulnaris
Elle
Streck-Sehne
Vena digitalis
Streck-Sehne
Streck-Sehne
Arteria digitalis
M. abductor digiti minimi
Fettschicht
Arteria interossea
M. extensor carpi ulnaris
M. flexor carpi ulnaris
Finger
Sehne
Vena digitalis
Fettschicht
Finger
Arteria digitalis
Streck-Sehne
Finger
Arteria digitalis
Streck-Sehne
Kleinfinger
Finger

Zwischen den Knochen

Interosseus bedeutet »zwischen Knochen«. Die Arteria interossea verläuft zwischen Elle und Speiche am Unterarm.

M. flexor carpi ulnaris

Dies ist der Muskel, den du brauchst, um die Hand im Handgelenk zu beugen und sie nach außen zu drehen. Sein Name kommt von flexor (Beuger), carpus (Handwurzel) und ulna (Elle).

Handrücken-Gefäße

Ein Netz von Arterien, Venen und Nerven überzieht deinen Handrücken. Man unterscheidet zwei Gruppen: die oberflächlichen und die tiefen. Die oberflächlichen Venen liegen direkt unter der Haut. Oft kann man sie von außen als bläuliche Linien erkennen. Die tiefen Venen verlaufen weiter unten, zwischen den Muskeln.

An den Fingerspitzen

Eine Vielzahl von Nerven sammelt Signale aus den Tausenden von Empfindungs-Rezeptoren der Haut deiner Handflächen und Finger. Unter der gefurchten Haut liegt eine Fettschicht, die wie ein Kissen zusammengedrückt wird, wenn du etwas in der Hand hältst. Dadurch wird das Ergreifen von Gegenständen erleichtert.

Der Lagesinn

Viele der Muskeln und Gelenke deines Körpers verfügen über Dutzende von kleinen, spindelförmigen Dehnungs-Rezeptoren. Sie erkennen, ob sich ein Muskel im angespannten oder im entspannten Zustand befindet und ob ein Gelenk gerade oder gekrümmt ist. Diese Informationen gelangen über Nerven zum Gehirn, das daraus die genaue Stellung sämtlicher Körperteile erkennen kann. So weißt du ohne hinzusehen, ob dein Arm angewinkelt oder ausgestreckt ist, ob deine Finger gespreizt oder eng aneinander liegen. Das Erkennen der Körperposition heißt proprioceptiver Sinn.

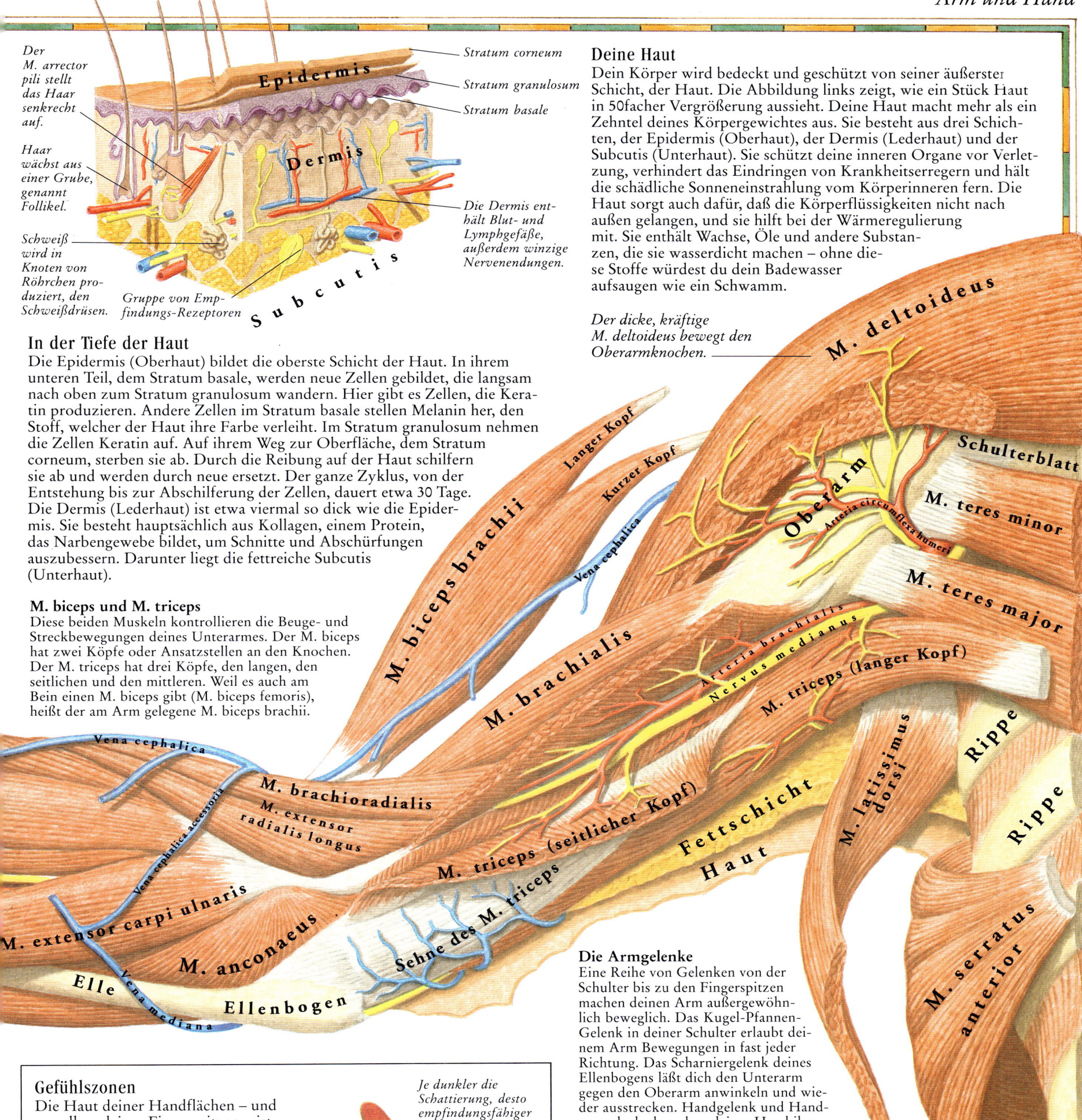

Der M. arrector pili stellt das Haar senkrecht auf.

Haar wächst aus einer Grube, genannt Follikel.

Schweiß wird in Knoten von Röhrchen produziert, den Schweißdrüsen.

Gruppe von Empfindungs-Rezeptoren

Epidermis

Stratum corneum

Stratum granulosum

Stratum basale

Dermis

Die Dermis enthält Blut- und Lymphgefäße, außerdem winzige Nervenendungen.

Subcutis

Deine Haut

Dein Körper wird bedeckt und geschützt von seiner äußersten Schicht, der Haut. Die Abbildung links zeigt, wie ein Stück Haut in 50facher Vergrößerung aussieht. Deine Haut macht mehr als ein Zehntel deines Körpergewichtes aus. Sie besteht aus drei Schichten, der Epidermis (Oberhaut), der Dermis (Lederhaut) und der Subcutis (Unterhaut). Sie schützt deine inneren Organe vor Verletzung, verhindert das Eindringen von Krankheitserregern und hält die schädliche Sonneneinstrahlung vom Körperinneren fern. Die Haut sorgt auch dafür, daß die Körperflüssigkeiten nicht nach außen gelangen, und sie hilft bei der Wärmeregulierung mit. Sie enthält Wachse, Öle und andere Substanzen, die sie wasserdicht machen – ohne diese Stoffe würdest du dein Badewasser aufsaugen wie ein Schwamm.

In der Tiefe der Haut

Die Epidermis (Oberhaut) bildet die oberste Schicht der Haut. In ihrem unteren Teil, dem Stratum basale, werden neue Zellen gebildet, die langsam nach oben zum Stratum granulosum wandern. Hier gibt es Zellen, die Keratin produzieren. Andere Zellen im Stratum basale stellen Melanin her, den Stoff, welcher der Haut ihre Farbe verleiht. Im Stratum granulosum nehmen die Zellen Keratin auf. Auf ihrem Weg zur Oberfläche, dem Stratum corneum, sterben sie ab. Durch die Reibung auf der Haut schilfern sie ab und werden durch neue ersetzt. Der ganze Zyklus, von der Entstehung bis zur Abschilferung der Zellen, dauert etwa 30 Tage. Die Dermis (Lederhaut) ist etwa viermal so dick wie die Epidermis. Sie besteht hauptsächlich aus Kollagen, einem Protein, das Narbengewebe bildet, um Schnitte und Abschürfungen auszubessern. Darunter liegt die fettreiche Subcutis (Unterhaut).

M. biceps und M. triceps

Diese beiden Muskeln kontrollieren die Beuge- und Streckbewegungen deines Unterarmes. Der M. biceps hat zwei Köpfe oder Ansatzstellen an den Knochen. Der M. triceps hat drei Köpfe, den langen, den seitlichen und den mittleren. Weil es auch am Bein einen M. biceps gibt (M. biceps femoris), heißt der am Arm gelegene M. biceps brachii.

Der dicke, kräftige M. deltoideus bewegt den Oberarmknochen.

M. deltoideus

Schulterblatt

M. teres minor

M. teres major

Langer Kopf

Kurzer Kopf

Vena cephalica

Oberarm

Arteria circumflexa humeri

M. biceps brachii

M. brachialis

Arteria brachialis

Nervus medianus

M. triceps (langer Kopf)

M. latissimus dorsi

Rippe

Rippe

Vena cephalica

M. brachioradialis

M. extensor radialis longus

Vena cephalica accessoria

M. triceps (seitlicher Kopf)

Fettschicht

Haut

M. serratus anterior

M. extensor carpi ulnaris

M. anconaeus

Sehne des M. triceps

Elle

Vena mediana

Ellenbogen

Gefühlszonen

Die Haut deiner Handflächen – und vor allem deiner Fingerspitzen – ist reich an Empfindungs-Rezeptoren, die den Tastsinn hervorbringen. Am Handrücken sind diese Rezeptoren, wie in vielen anderen Körperregionen, um die Wurzel eines Haares herum angeordnet. Sie erfassen hier jede Bewegung des Haares. In unbehaarten Zonen, wie Handflächen, Lippen und Zunge, liegen diese Zellen haufenförmig in der Haut verstreut.

Je dunkler die Schattierung, desto empfindungsfähiger die Haut

Weniger empfindungsfähig   Stärker empfindungsfähig

Die Armgelenke

Eine Reihe von Gelenken von der Schulter bis zu den Fingerspitzen machen deinen Arm außergewöhnlich beweglich. Das Kugel-Pfannen-Gelenk in deiner Schulter erlaubt deinem Arm Bewegungen in fast jeder Richtung. Das Scharniergelenk deines Ellenbogens läßt dich den Unterarm gegen den Oberarm anwinkeln und wieder ausstrecken. Handgelenk und Handwurzelgelenke geben deiner Hand ihre Beweglichkeit. Du kannst jeden einzelnen Finger beugen und strecken mit Hilfe der Scharniergelenke zwischen seinen Gliedern.

Ein Kurzschluß für das Blut

Knapp oberhalb des Ellenbogengelenkes teilt sich die Arteria brachialis, die den Arm mit frischem sauerstoffreichem Blut versorgt, in die zwei größten Unterarmarterien – Arteria radialis und Arteria ulnaris. Sie haben mehrere kleinere Äste, die sich wieder aufteilen und vereinigen. So entsteht ein Netzwerk von »Umgehungsstraßen« oder »Kurzschlüssen« für das Blut. Dieses System nennt man auch Kollateral-Kreislauf, da das Blut auf verschiedensten Wegen durchfließen kann.

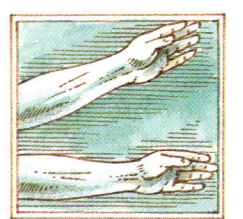

Schulter und Ellenbogen

Tu so, als ob du gewonnen hättest! Erhebe deine geballte Faust als Geste des Erfolges! Du benötigst dafür viele der hier gezeigten kräftigen Muskeln von Schulter und Oberarm. Die sichtbare Schwellung unter der Haut deines Oberarmes ist der M. biceps brachii. Wie viele andere Muskeln baucht sich der M. biceps in der Mitte aus, wenn er sich verkürzt. Diese Art von Muskelaktion nennt man isotonische Kontraktion. Der Muskel behält die gleiche Spannung oder Zugkraft, aber er verkürzt sich beim Beugen des Ellenbogengelenkes.

Nun balle die Faust und spanne den M. biceps an, wie ein »Muskelmann«, aber halte den Arm ruhig. Der M. biceps schwillt erneut. Das ist die isometrische Kontraktion: Der Muskel vergrößert die Zugkraft, aber er behält die gleiche Länge. Die meisten Muskeln unterziehen sich einer Kombination aus isometrischen und isotonischen Kontraktionen, wenn sie den Körper halten und bewegen.

M. biceps und M. triceps arbeiten zusammen, um den Arm zu stabilisieren.

Ein Turner kann am Barren sein gesamtes Körpergewicht durch den Einsatz der Oberarm- und Schultermuskulatur halten.

Schulter und Oberarm

Ob du ein schweres Gewicht stemmst oder eine Feder aufhebst – die Muskeln von Oberarm und Schulter stellen dir sowohl Kraft als auch Genauigkeit zur Verfügung. Die Muskeln des oberen Rückens und der Schulter bewegen den Oberarm; Muskeln im Oberarm bewegen den Unterarm; und die Muskeln am Unterarm bewegen Handgelenk und Hand. Der ganze Arm stellt einen dreiteiligen Hebel dar. Mit seiner Hilfe kannst du den Arm strecken und einen Apfel pflücken. Du kannst den Arm beugen und den Apfel zum Mund führen – und dann abbeißen.

Die »doppelgelenkige« Schulter

Deine Schulter ist ein sehr bewegliches Kugel-Pfannen-Gelenk. Einen wichtigen Beitrag zu dieser Beweglichkeit steuert das Schulterblatt bei. Seine Drehbewegungen verändern die Winkelachse der Gelenkpfanne, die den Kopf des Oberarmes beinhaltet. Wenn du deinen gerade herunterhängenden Arm in einem Halbkreis (180°) bewegst, bis er senkrecht nach oben zeigt, so macht die Stellungsänderung des Schulterblattes etwa die Hälfte dieser Bewegung aus.

Über 180° Bewegungsfreiheit in der Vertikalebene seitlich des Körpers

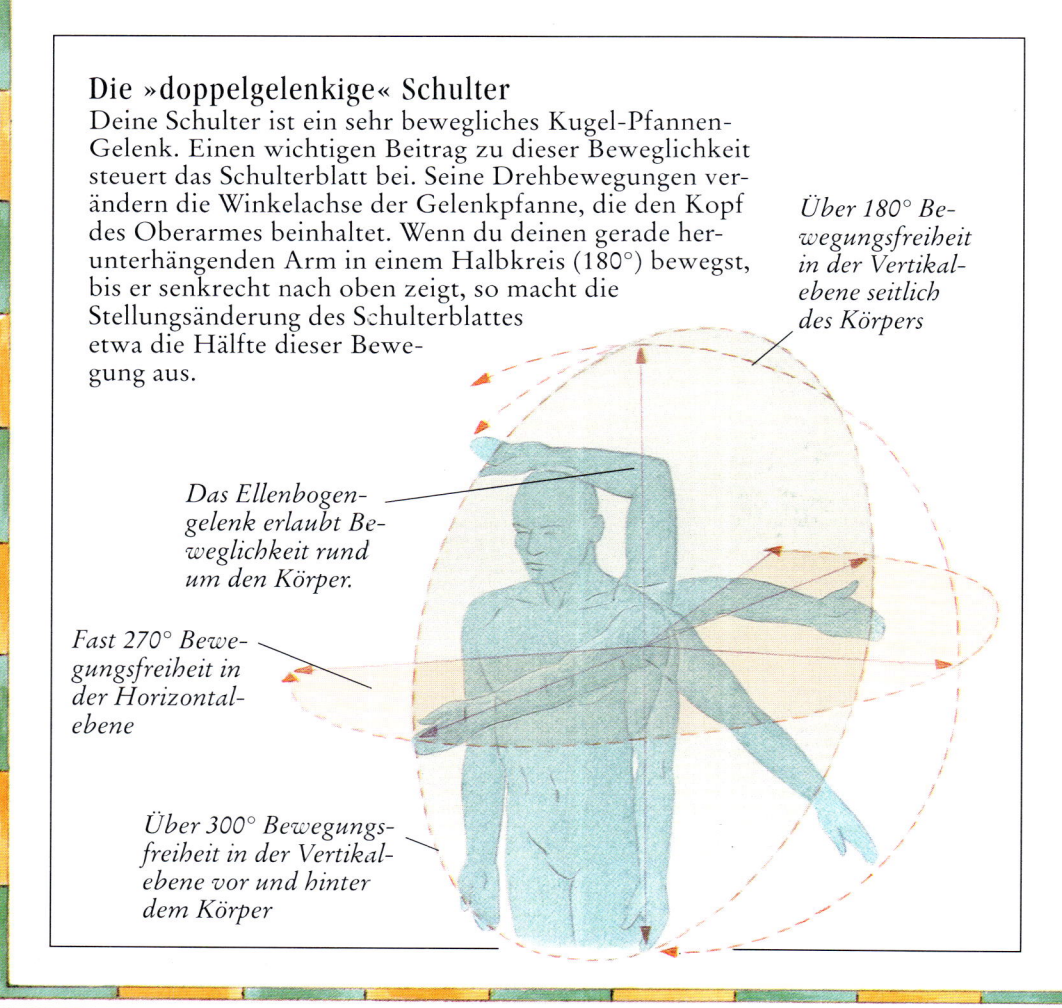

Das Ellenbogengelenk erlaubt Beweglichkeit rund um den Körper.

Fast 270° Bewegungsfreiheit in der Horizontalebene

Über 300° Bewegungsfreiheit in der Vertikalebene vor und hinter dem Körper

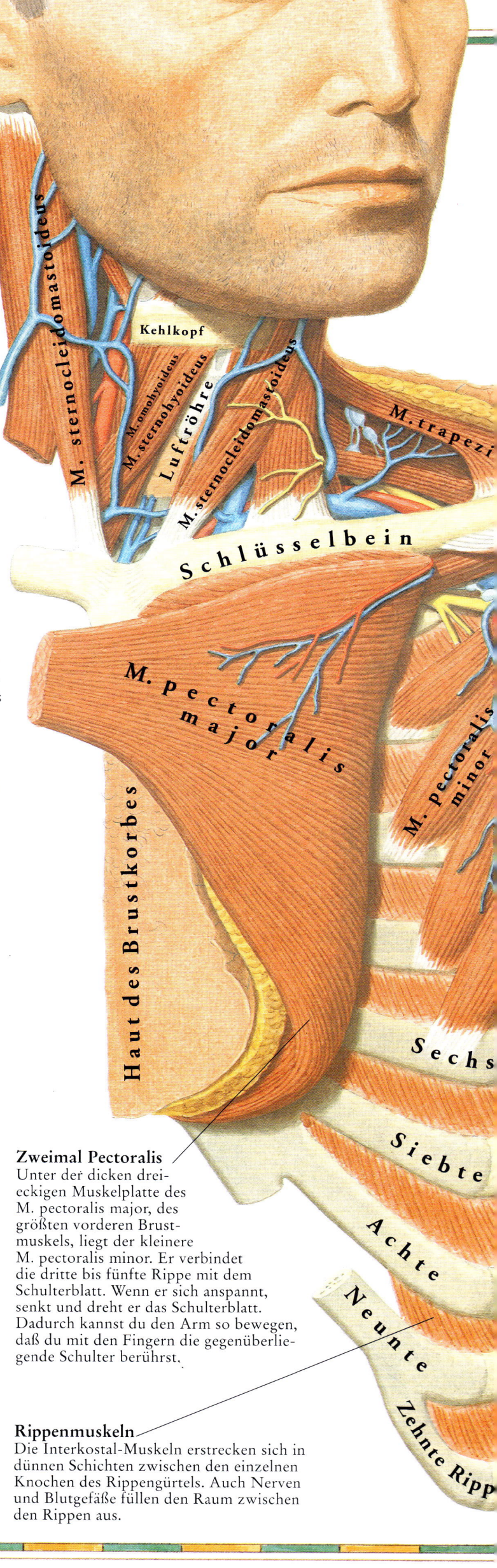

M. sternocleidomastoideus

Kehlkopf

M. omohyoideus

M. sternohyoideus

Luftröhre

M. sternocleidomastoideus

M. trapezi

Schlüsselbein

M. pectoralis major

M. pectoralis minor

Haut des Brustkorbes

Sechs

Siebte

Achte

Neunte

Zehnte Ripp

Zweimal Pectoralis

Unter der dicken dreieckigen Muskelplatte des M. pectoralis major, des größten vorderen Brustmuskels, liegt der kleinere M. pectoralis minor. Er verbindet die dritte bis fünfte Rippe mit dem Schulterblatt. Wenn er sich anspannt, senkt und dreht er das Schulterblatt. Dadurch kannst du den Arm so bewegen, daß du mit den Fingern die gegenüberliegende Schulter berührst.

Rippenmuskeln

Die Interkostal-Muskeln erstrecken sich in dünnen Schichten zwischen den einzelnen Knochen des Rippengürtels. Auch Nerven und Blutgefäße füllen den Raum zwischen den Rippen aus.

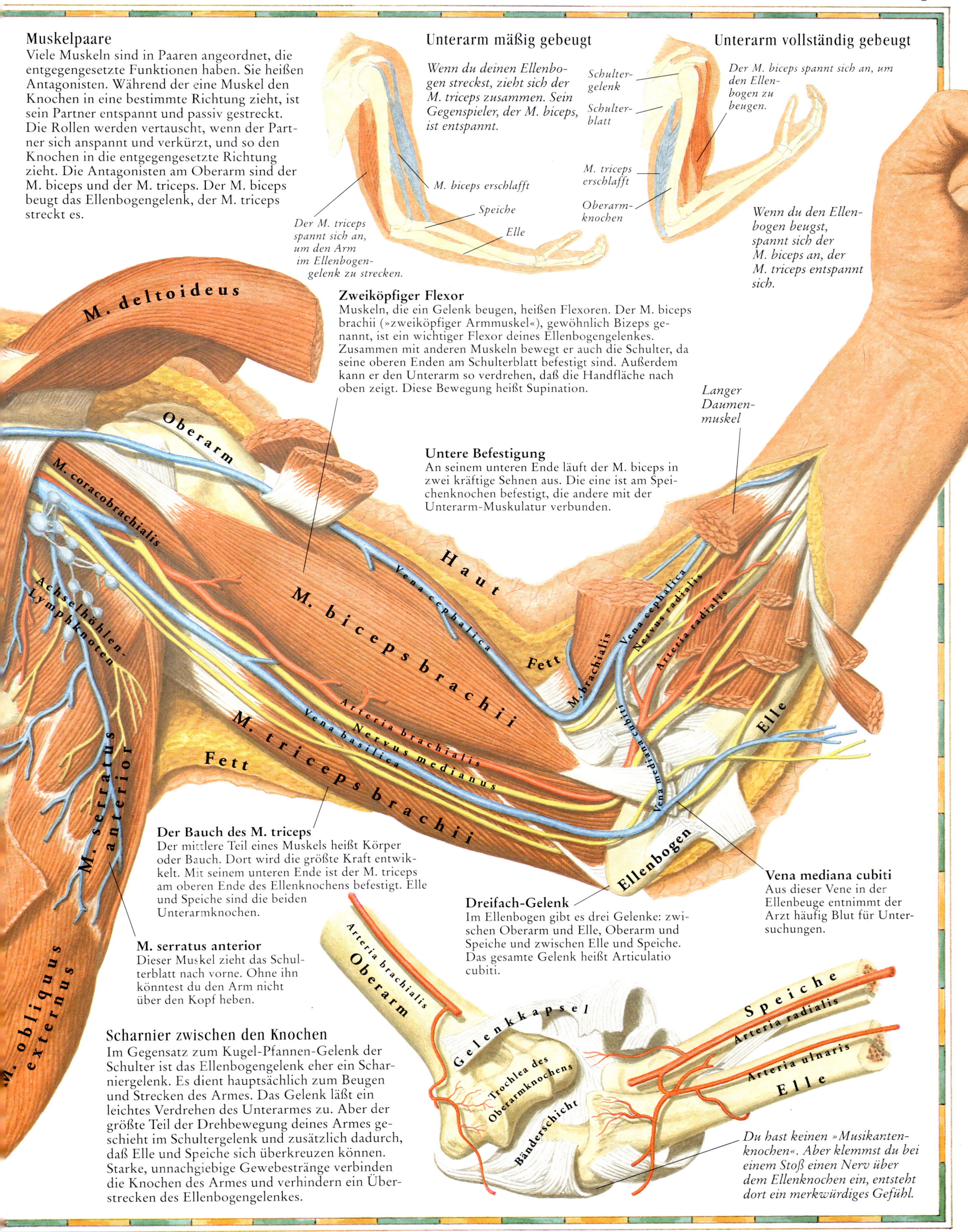

Muskelpaare

Viele Muskeln sind in Paaren angeordnet, die entgegengesetzte Funktionen haben. Sie heißen Antagonisten. Während der eine Muskel den Knochen in eine bestimmte Richtung zieht, ist sein Partner entspannt und passiv gestreckt. Die Rollen werden vertauscht, wenn der Partner sich anspannt und verkürzt, und so den Knochen in die entgegengesetzte Richtung zieht. Die Antagonisten am Oberarm sind der M. biceps und der M. triceps. Der M. biceps beugt das Ellenbogengelenk, der M. triceps streckt es.

Unterarm mäßig gebeugt

Wenn du deinen Ellenbogen streckst, zieht sich der M. triceps zusammen. Sein Gegenspieler, der M. biceps, ist entspannt.

Der M. triceps spannt sich an, um den Arm im Ellenbogengelenk zu strecken.

M. biceps erschlafft

Speiche

Elle

Unterarm vollständig gebeugt

Der M. biceps spannt sich an, um den Ellenbogen zu beugen.

Schultergelenk

Schulterblatt

M. triceps erschlafft

Oberarmknochen

Wenn du den Ellenbogen beugst, spannt sich der M. biceps an, der M. triceps entspannt sich.

Zweiköpfiger Flexor

Muskeln, die ein Gelenk beugen, heißen Flexoren. Der M. biceps brachii (»zweiköpfiger Armmuskel«), gewöhnlich Bizeps genannt, ist ein wichtiger Flexor deines Ellenbogengelenkes. Zusammen mit anderen Muskeln bewegt er auch die Schulter, da seine oberen Enden am Schulterblatt befestigt sind. Außerdem kann er den Unterarm so verdrehen, daß die Handfläche nach oben zeigt. Diese Bewegung heißt Supination.

Untere Befestigung

An seinem unteren Ende läuft der M. biceps in zwei kräftige Sehnen aus. Die eine ist am Speichenknochen befestigt, die andere mit der Unterarm-Muskulatur verbunden.

Langer Daumenmuskel

Vena mediana cubiti

Aus dieser Vene in der Ellenbeuge entnimmt der Arzt häufig Blut für Untersuchungen.

Der Bauch des M. triceps

Der mittlere Teil eines Muskels heißt Körper oder Bauch. Dort wird die größte Kraft entwikkelt. Mit seinem unteren Ende ist der M. triceps am oberen Ende des Ellenknochens befestigt. Elle und Speiche sind die beiden Unterarmknochen.

M. serratus anterior

Dieser Muskel zieht das Schulterblatt nach vorne. Ohne ihn könntest du den Arm nicht über den Kopf heben.

Dreifach-Gelenk

Im Ellenbogen gibt es drei Gelenke: zwischen Oberarm und Elle, Oberarm und Speiche und zwischen Elle und Speiche. Das gesamte Gelenk heißt Articulatio cubiti.

Scharnier zwischen den Knochen

Im Gegensatz zum Kugel-Pfannen-Gelenk der Schulter ist das Ellenbogengelenk eher ein Scharniergelenk. Es dient hauptsächlich zum Beugen und Strecken des Armes. Das Gelenk läßt ein leichtes Verdrehen des Unterarmes zu. Aber der größte Teil der Drehbewegung deines Armes geschieht im Schultergelenk und zusätzlich dadurch, daß Elle und Speiche sich überkreuzen können. Starke, unnachgiebige Gewebestränge verbinden die Knochen des Armes und verhindern ein Überstrecken des Ellenbogengelenkes.

Du hast keinen »Musikantenknochen«. Aber klemmst du bei einem Stoß einen Nerv über dem Ellenknochen ein, entsteht dort ein merkwürdiges Gefühl.

M. deltoideus

Oberarm

M. coracobrachialis

Achselhöhlen-Lymphknoten

M. serratus anterior

M. obliquus externus

Haut

Vena cephalica

Fett

M. biceps brachii

Arteria brachialis

Vena basilica

Nervus medianus

M. triceps brachii

Fett

M. brachialis

Vena cephalica

Nervus radialis

Arteria radialis

Vena mediana cubiti

Elle

Ellenbogen

Arteria brachialis

Oberarm

Gelenkkapsel

Trochlea des Oberarmknochens

Bänderschicht

Speiche

Arteria radialis

Arteria ulnaris

Elle

Handgelenk, Hand und Finger

Deine Hände lassen dich etwas ausdrücken, ohne zu sprechen: Winken sagt auf Wiedersehen, Händeschütteln bedeutet Freundschaft, zärtliches Streicheln vermittelt Mitgefühl und ein Schlag mit der Faust das Gegenteil. Deine Hände sind geschickt genug, um einen Faden durch ein Nadelöhr zu schieben, aber auch stark genug, um eine Zitrone auszupressen. Natürlich wären diese Fähigkeiten unmöglich ohne die Überwachung durch Gehirn und Nervensystem, und ohne die Augen und die anderen Sinne, die das Gehirn mit den notwendigen Informationen versorgen. Das Grundgerüst deiner Hand wird von 27 Knochen gebildet. Eine Vielzahl komplizierter Gelenke verleihen ihr erstaunliche Beweglichkeit. Um die Knochen herum sind Muskeln und Sehnen, Blutgefäße und Nerven angeordnet. Die alles umschließende Haut gehört zu den empfindungsreichsten Zonen des Körpers, vor allem die der Fingerspitzen. Deren Haut trägt ein gefurchtes Muster von Wirbeln und Windungen, die dich unverwechselbar unter den fünf Billionen Erdenbürgern machen – deine Fingerabdrücke.

Mechanische Hand

Seit vielen Jahren versuchen Ingenieure einen Roboter zu bauen, der die menschliche Hand perfekt nachahmt. Aber ihre Bewegungen sind viel zu kompliziert, um sie nachzubilden, werden sie doch nur möglich durch den dauernden Informationsaustausch von Empfindungrezeptoren, Augen und Gehirn. Die Roboter arbeiten in Produktionsstraßen von Fabriken. Die menschliche Hand kann lackieren, schweißen, bohren, schrauben, anpassen und zusammensetzen, doch für jeden dieser Arbeitsschritte muß ein eigenständiger Roboter konstruiert werden.

Die Knochen der Hand

Deine Hand hat drei wesentliche anatomische Teile: Handwurzel, Mittelhand und Finger. Die Handwurzel wird von acht Knochen gebildet, die in zwei Viererreihen angeordnet sind. Vier dieser Knochen sind mit dem Ellen- und Speichenknochen verbunden. Die fünf Mittelhandknochen erstrecken sich von der Handwurzel zu den Knöcheln; die vierzehn Fingerknochen formen deine Finger. Etwa 40 Ligamente oder Bänder halten die Knochen zusammen, die meisten davon in der Handwurzel.

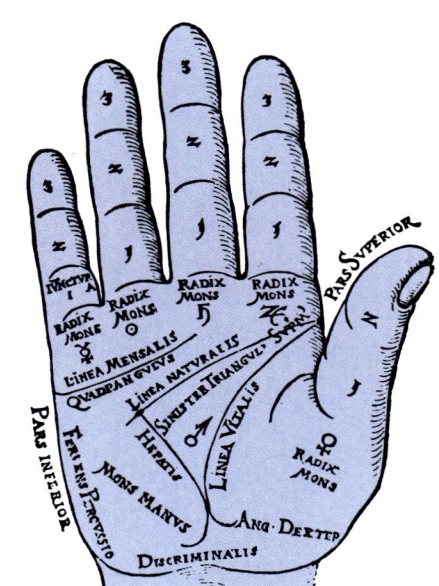

Eine Karte aus dem 16. Jahrhundert zeigt Linien und andere Merkmale, gedeutet von einem Handleser.

Aus der Hand lesen

Das Muster aus Falten und Linien der Haut an den Handflächen ist wie die Fingerabdrücke bei jedem Menschen einzigartig. Einige Menschen behaupten, die Zeichnung der Handflächen verrate Vergangenheit, Gesundheitszustand und Schicksal dieser Person. Die Kunst der Deutung von Falten und Linien heißt Chiromantie.

In der Handfläche

Im Bild rechts ist die Haut der Handfläche abgeschält, um die Strukturen freizulegen, die deine Hand so beweglich machen. Alle Fingerknochen, vom Daumen (pollux) bis zum Kleinfinger (minimus), werden von Sehnen überquert, die in lange Scheiden gehüllt sind. Diese Sehnen sind die Ausläufer der starken Unterarmmuskeln, die die meisten Fingerbewegungen erzeugen. Die Muskeln zwischen den Mittelhandknochen stellen Kraft bereit und geben deiner Hand ihre Gestalt. Die Blutversorgung deiner Hand übernehmen Äste der Arteria radialis und der A. ulnaris. Die ganze Region ist reich an Nervenendungen, die vom Nervus radialis, N. ulnaris und N. medianus abstammen.

Drei eigenständig gesteuerte »Finger« ermöglichen das Greifen dieses Roboters.

Der erste Finger, besser bekannt als Daumen, hat zwei Glieder. Die übrigen vier Finger sind dreigliedrig.

Die Bänder deiner Handwurzel halten Knochen und Sehnen an ihrem Platz.

Speiche

Elle

Fingerglied

I. Mittelhandknochen

Bänder der Handwurzel

II. Mittelhandknochen

III. Mittelhandknochen

VI. Mittelhandknochen

V. Mittelhandknochen

Bänder der Mittelhand

Fingerglied

Fingerglied

Fingerglied

Fingerglied

Fingerglied

Fünf Mittelhandknochen fächern sich in deiner Handfläche auf, um sich mit den Fingerknochen zu verbinden.

Deine Fingergelenke werden oft als Knöchel bezeichnet.

Griffarten

Ob du eine Nadel aufhebst oder einen schweren Koffer – kein Problem für deine Hand! Die hier abgebildeten drei Griffarten zeigen die Geschicklichkeit der menschlichen Hand. Mit dem Präzisionsgriff kannst du ein Objekt vorsichtig zwischen Zeigefinger und Daumen halten. Anderen Lebewesen ist dies nicht möglich, nicht einmal deinem nächsten Verwandten, den Affen. Der Daumen kann auch opponiert werden, d. h., die anderen Fingerspitzen berühren. Du kannst mit Fingern und Handfläche einen runden Gegenstand umgreifen, was einen sicheren Halt gibt (sphärischer Griff). Der kräftige Griff zweier Hände ist stark genug, das gesamte Körpergewicht zu halten.

Der Präzisionsgriff erlaubt fein abgestimmtes Handeln, aber er gestattet keinen festen Halt.

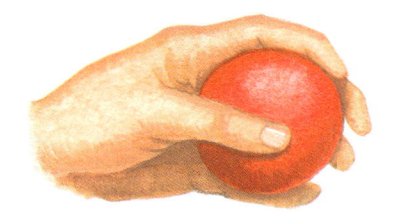

Mit dem sphärischen Griff hältst du runde Gegenstände. Die breite Handfläche gibt Stabilität.

Beim kräftigen Griff umschließen die Finger das Objekt. Zusätzlichen Druck übt der Daumen aus.

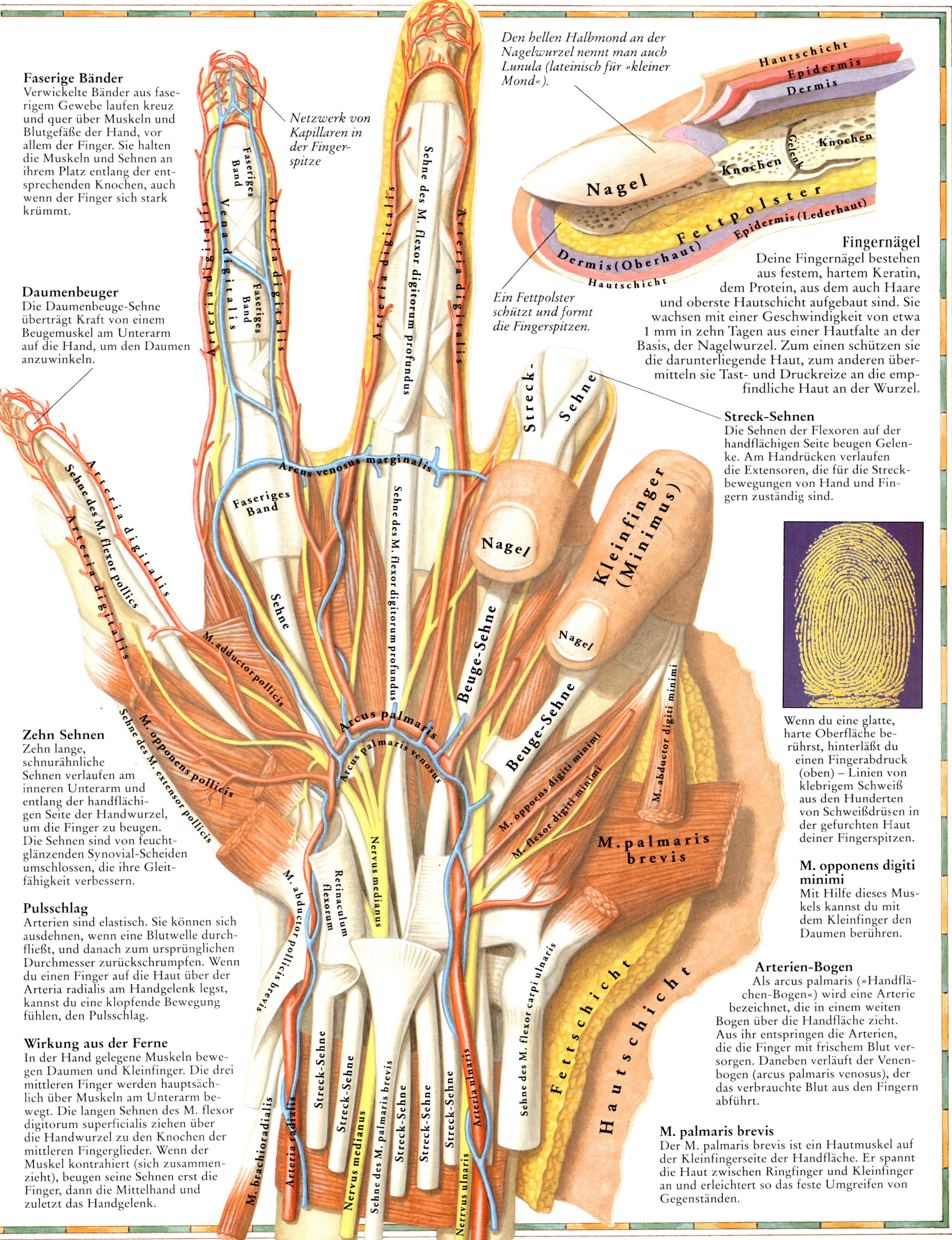

Faserige Bänder
Verwickelte Bänder aus faserigem Gewebe laufen kreuz und quer über Muskeln und Blutgefäße der Hand, vor allem der Finger. Sie halten die Muskeln und Sehnen an ihrem Platz entlang der entsprechenden Knochen, auch wenn der Finger sich stark krümmt.

Daumenbeuger
Die Daumenbeuge-Sehne überträgt Kraft von einem Beugemuskel am Unterarm auf die Hand, um den Daumen anzuwinkeln.

Zehn Sehnen
Zehn lange, schnurähnliche Sehnen verlaufen am inneren Unterarm und entlang der handflächigen Seite der Handwurzel, um die Finger zu beugen. Die Sehnen sind von feuchtglänzenden Synovial-Scheiden umschlossen, die ihre Gleitfähigkeit verbessern.

Pulsschlag
Arterien sind elastisch. Sie können sich ausdehnen, wenn eine Blutwelle durchfließt, und danach zum ursprünglichen Durchmesser zurückschrumpfen. Wenn du einen Finger auf die Haut über der Arteria radialis am Handgelenk legst, kannst du eine klopfende Bewegung fühlen, den Pulsschlag.

Wirkung aus der Ferne
In der Hand gelegene Muskeln bewegen Daumen und Kleinfinger. Die drei mittleren Finger werden hauptsächlich über Muskeln am Unterarm bewegt. Die langen Sehnen des M. flexor digitorum superficialis ziehen über die Handwurzel zu den Knochen der mittleren Fingerglieder. Wenn der Muskel kontrahiert (sich zusammenzieht), beugen seine Sehnen erst die Finger, dann die Mittelhand und zuletzt das Handgelenk.

Netzwerk von Kapillaren in der Fingerspitze

Den hellen Halbmond an der Nagelwurzel nennt man auch Lunula (lateinisch für »kleiner Mond«).

Ein Fettpolster schützt und formt die Fingerspitzen.

Fingernägel
Deine Fingernägel bestehen aus festem, hartem Keratin, dem Protein, aus dem auch Haare und oberste Hautschicht aufgebaut sind. Sie wachsen mit einer Geschwindigkeit von etwa 1 mm in zehn Tagen aus einer Hautfalte an der Basis, der Nagelwurzel. Zum einen schützen sie die darunterliegende Haut, zum anderen übermitteln sie Tast- und Druckreize an die empfindliche Haut an der Wurzel.

Streck-Sehnen
Die Sehnen der Flexoren auf der handflächigen Seite beugen Gelenke. Am Handrücken verlaufen die Extensoren, die für die Streckbewegungen von Hand und Fingern zuständig sind.

Wenn du eine glatte, harte Oberfläche berührst, hinterläßt du einen Fingerabdruck (oben) – Linien von klebrigem Schweiß aus den Hunderten von Schweißdrüsen in der gefurchten Haut deiner Fingerspitzen.

M. opponens digiti minimi
Mit Hilfe dieses Muskels kannst du mit dem Kleinfinger den Daumen berühren.

Arterien-Bogen
Als arcus palmaris (»Handflächen-Bogen«) wird eine Arterie bezeichnet, die in einem weiten Bogen über die Handfläche zieht. Aus ihr entspringen die Arterien, die die Finger mit frischem Blut versorgen. Daneben verläuft der Venenbogen (arcus palmaris venosus), der das verbrauchte Blut aus den Fingern abführt.

M. palmaris brevis
Der M. palmaris brevis ist ein Hautmuskel auf der Kleinfingerseite der Handfläche. Er spannt die Haut zwischen Ringfinger und Kleinfinger an und erleichtert so das feste Umgreifen von Gegenständen.

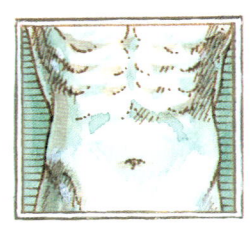

Der untere Rumpf

In deinem unteren Rumpf befinden sich viele Organe für den Metabolismus. Das ist der Name für die zahlreichen chemischen Vorgänge in deinem Körper. Das digestive System füllt den größten Teil der Bauchhöhle aus. Es besteht hauptsächlich aus Magen und Darm. Sie dienen der Verdauung und nehmen energie- und nährstoffreiche Bestandteile für Wachstum und Erneuerung auf.

Du denkst vielleicht, die Nahrung ist schon im Innern deines Körpers, wenn du sie hinunterschluckst. Wirklich aufgenommen ist sie aber erst, wenn sie durch die Wände von Magen und Darm hindurch in die Körpergewebe gelangt.

Deine Leber drängt sich unter die Kuppel des Zwerchfells. Ihre beiden Lappen führen Hunderte von Aufgaben aus. Der Boden deines unteren Rumpfes hat mehrere Ausgänge. Dort entleert dein digestives System unverdaute Nahrungsbestandteile. Dein exkretorisches System scheidet Abfallprodukte aus, die in den Nieren aus dem Blut filtriert wurden.

Ein Labyrinth aus Röhren

Vergleiche die Abbildung unten mit der großen rechts. Wenn man die Eingeweide nach außen und zur Seite schiebt, sieht man das komplizierte Netzwerk von Arterien und Venen, welche die Organe der Bauchhöhle mit Blut versorgen. Normalerweise sind sie unter den Schlingen von Dünn- und Dickdarm verborgen. Hinter diesem Labyrinth aus Röhren sitzen an der Rückwand der Bauchhöhle die beiden Nieren.

Die wichtigsten Organe der Bauchhöhle

Wenn man Haut, Fett und Muskelschicht abträgt, wird sichtbar, wie die Verdauungsorgane eng gedrängt und ineinander verschlungen angeordnet sind. Die Bauchhöhle oder das Abdomen wird oben vom kuppelförmigen Zwerchfell begrenzt, nach hinten von Wirbelsäule, Hüftknochen und Rückenmuskulatur. Seiten- und Vorderwand werden von ausgedehnten Muskelschichten gebildet, den Boden formen die Beckenknochen.

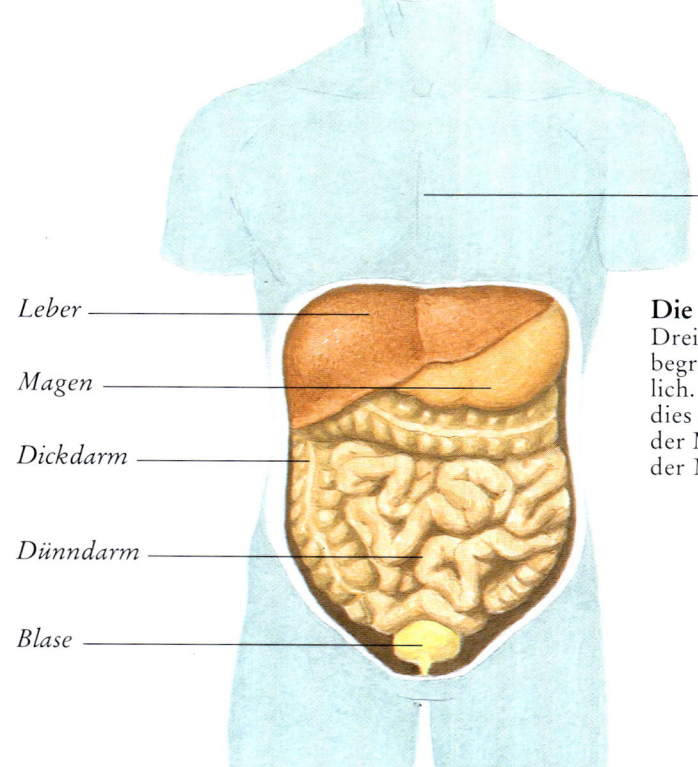

Leber
Magen
Dickdarm
Dünndarm
Blase
Brustkorb

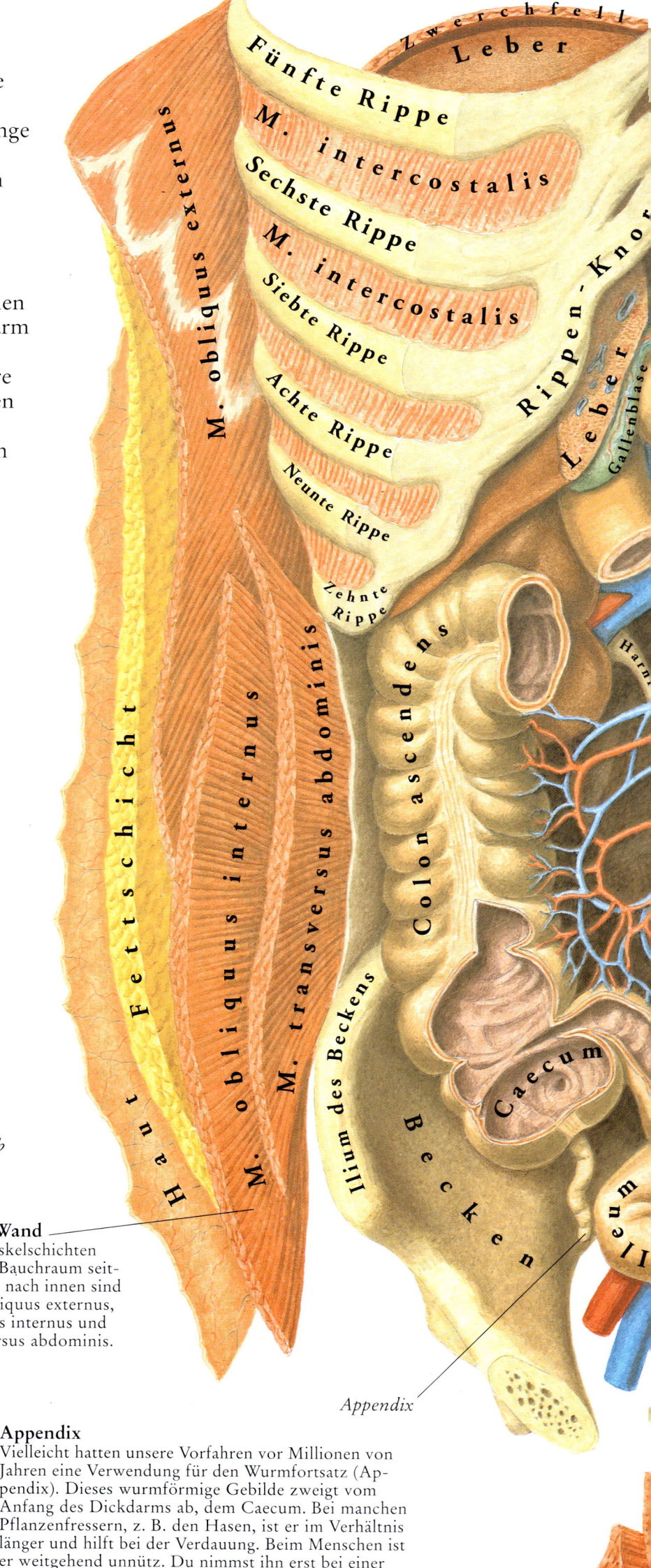

Die seitliche Wand

Drei breite Muskelschichten begrenzen den Bauchraum seitlich. Von außen nach innen sind dies der M. obliquus externus, der M. obliquus internus und der M. transversus abdominis.

Appendix

Appendix

Vielleicht hatten unsere Vorfahren vor Millionen von Jahren eine Verwendung für den Wurmfortsatz (Appendix). Dieses wurmförmige Gebilde zweigt vom Anfang des Dickdarms ab, dem Caecum. Bei manchen Pflanzenfressern, z. B. den Hasen, ist er im Verhältnis länger und hilft bei der Verdauung. Beim Menschen ist er weitgehend unnütz. Du nimmst ihn erst bei einer »Blinddarm-Entzündung« wahr, wenn er anschwillt und sich entzündet. Der Arzt nennt dies Appendicitis.

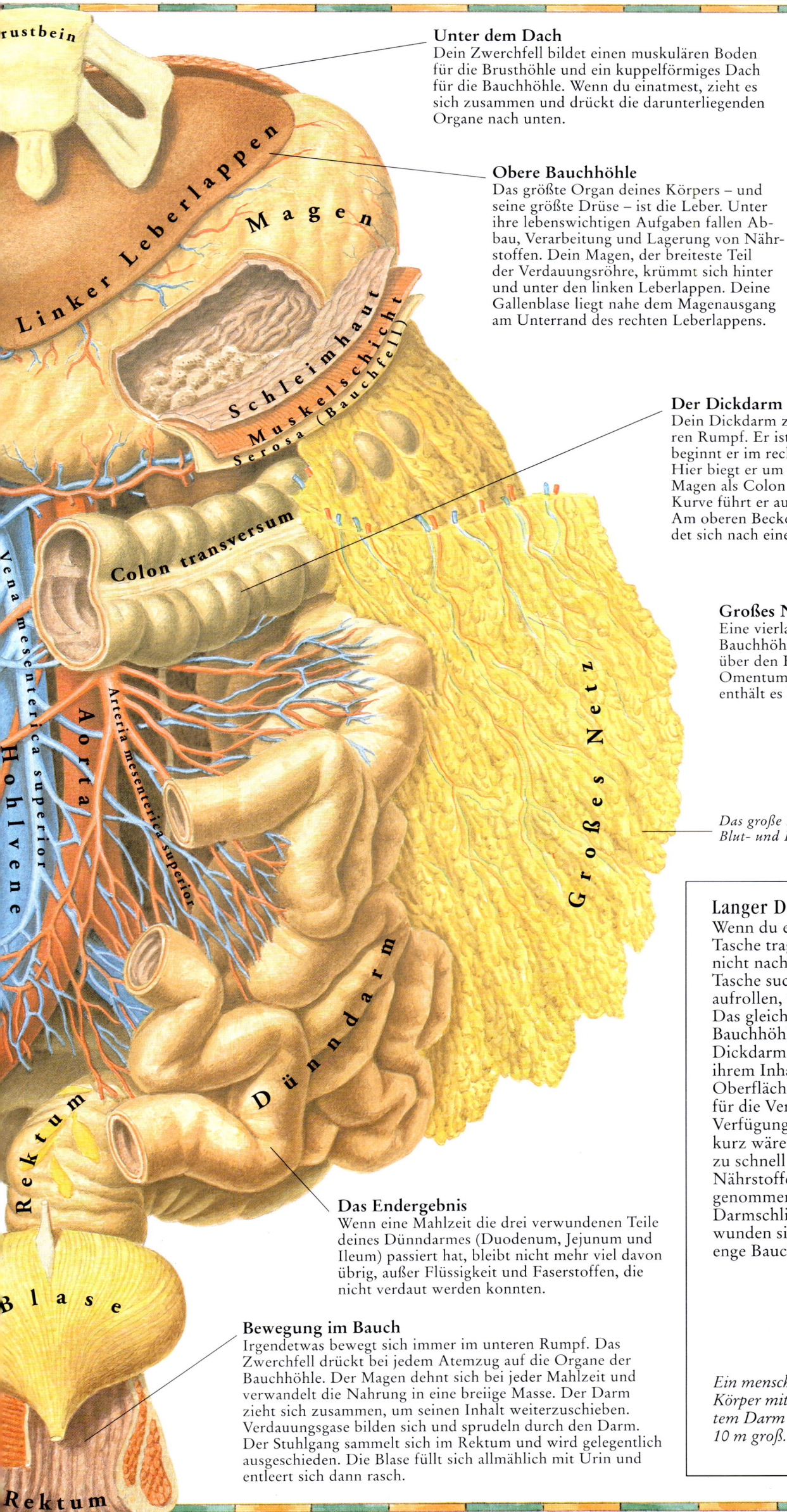

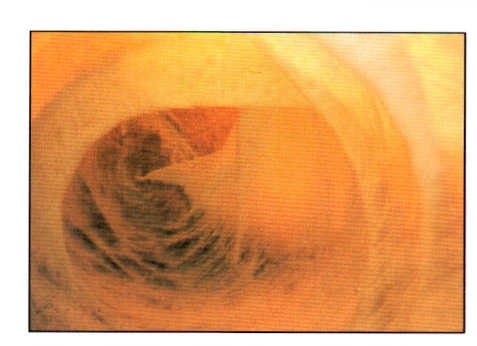

Dieser Blick auf die innere Wand des Dünndarms wurde mit einem Endoskop aufgenommen – einem schlauchförmigen Gerät, mit dem man Körperhöhlen untersuchen kann. Endoskope können in Speiseröhre, Magen, Dünndarm, Dickdarm und Blase eingeführt werden.

Unter dem Dach
Dein Zwerchfell bildet einen muskulären Boden für die Brusthöhle und ein kuppelförmiges Dach für die Bauchhöhle. Wenn du einatmest, zieht es sich zusammen und drückt die darunterliegenden Organe nach unten.

Obere Bauchhöhle
Das größte Organ deines Körpers – und seine größte Drüse – ist die Leber. Unter ihre lebenswichtigen Aufgaben fallen Abbau, Verarbeitung und Lagerung von Nährstoffen. Dein Magen, der breiteste Teil der Verdauungsröhre, krümmt sich hinter und unter den linken Leberlappen. Deine Gallenblase liegt nahe dem Magenausgang am Unterrand des rechten Leberlappens.

Der Dickdarm
Dein Dickdarm zieht in einer N-förmigen Schleife durch den unteren Rumpf. Er ist in vier Abschnitte gegliedert. Als Colon ascendens beginnt er im rechten unteren Bauchraum und zieht hoch zur Leber. Hier biegt er um und läuft entlang der unteren Fläche von Leber und Magen als Colon transversum zur Gegenseite. Nach einer erneuten Kurve führt er auf der linken Seite als Colon descendens nach unten. Am oberen Beckenrand bildet er das Colon sigmoideum und verbindet sich nach einer Krümmung mit dem Rektum (Enddarm).

Großes Netz
Eine vierlagige Falte des Bauchfells (der Membran, welche die Bauchhöhle innen auskleidet) hängt wie eine Schürze vorn über den Eingeweiden. Diese Falte heißt großes Netz oder Omentum majus. Das Netz ist sehr fettreich, außerdem enthält es Blut- und Lymphgefäße.

Das große Netz enthält Fett, Blut- und Lymphgefäße.

Das Endergebnis
Wenn eine Mahlzeit die drei verwundenen Teile deines Dünndarmes (Duodenum, Jejunum und Ileum) passiert hat, bleibt nicht mehr viel davon übrig, außer Flüssigkeit und Faserstoffen, die nicht verdaut werden konnten.

Bewegung im Bauch
Irgendetwas bewegt sich immer im unteren Rumpf. Das Zwerchfell drückt bei jedem Atemzug auf die Organe der Bauchhöhle. Der Magen dehnt sich bei jeder Mahlzeit und verwandelt die Nahrung in eine breiige Masse. Der Darm zieht sich zusammen, um seinen Inhalt weiterzuschieben. Verdauungsgase bilden sich und sprudeln durch den Darm. Der Stuhlgang sammelt sich im Rektum und wird gelegentlich ausgeschieden. Die Blase füllt sich allmählich mit Urin und entleert sich dann rasch.

Langer Darm
Wenn du ein langes Seil in einer Tasche tragen willst, wirst du nicht nach einer langen schmalen Tasche suchen. Du wirst das Seil aufrollen, um Platz zu sparen. Das gleiche Prinzip gilt in deiner Bauchhöhle. Dein Dünn- und Dickdarm müssen lang sein, um ihrem Inhalt eine große innere Oberfläche und genügend Zeit für die Verdauungs-Prozesse zur Verfügung zu stellen. Wenn sie kurz wären, würde die Nahrung zu schnell durchfließen, und die Nährstoffe könnten nicht aufgenommen werden. Weil deine Darmschlingen ineinander verwunden sind, passen sie in die enge Bauchhöhle.

Speiseröhre
Magen
Der Dünndarm ist etwa 5-6 m lang.
Der Dickdarm ist etwa 1,5 m lang.
Rektum
Ein menschlicher Körper mit gestrecktem Darm wäre fast 10 m groß.

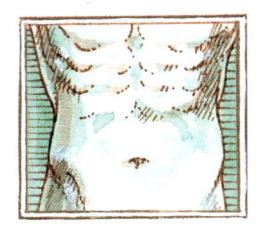

Der Magen

Hast du jemals so viel gegessen, daß du dich fühltest, als müßtest du platzen? Dann hat sich dein Magen auf ein Volumen von etwa zwei Litern ausgedehnt. Sicherlich hast du über Bauchschmerzen geklagt und dabei auf die Nabelregion gezeigt. Tatsächlich liegt der Magen aber viel höher, als die meisten Menschen glauben, nämlich hinter den unteren linken Rippen. Dein Magen ist nach dem Mund die nächste »Haltestelle« für Essen und Trinken. Er hat die Gestalt einer J-förmigen Tasche. Seine Wand besteht aus mehreren Muskelschichten, die sich in Wellen zusammenziehen, um den Inhalt zu vermischen. Seine Hauptaufgabe ist es, die aufgenommene Nahrung zu zerkleinern, damit sie verdaut werden kann. Dies geschieht durch die Zugabe von Säure und chemischen Substanzen, die in der Magenwand hergestellt werden, den Enzymen. Magensäure und -enzyme töten auch die meisten Krankheitserreger ab, die durch Essen und Trinken aufgenommen werden.

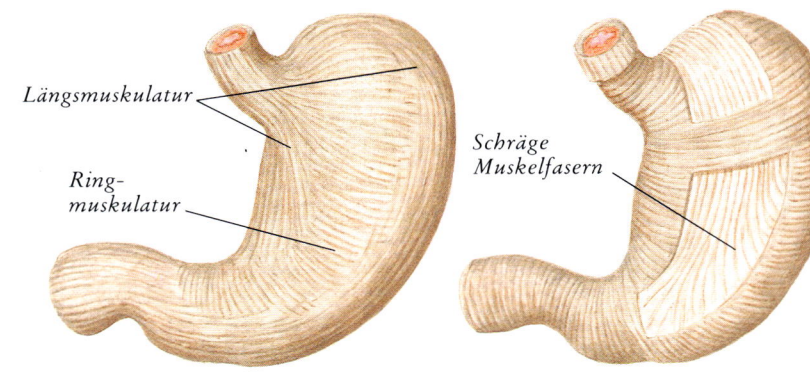

Äußere Muskelschichten

Unter der glatten äußeren Hülle des Magens, der Serosa, liegen mehrere Lagen von Muskeln. Die Längsmuskulatur verläuft entlang den Seiten des Magens. Darunter liegt die Ringmuskulatur, die ihn ganz umschließt.

Innere Muskelschichten

Unterhalb der Ringmuskulatur erstrecken sich schräg angeordnete Bänder aus Muskelfasern. Alle drei sich überkreuzenden Muskelschichten zusammen erlauben dem Magen, sich in fast jeder Richtung zusammenzuziehen, um seinen Inhalt zu vermischen.

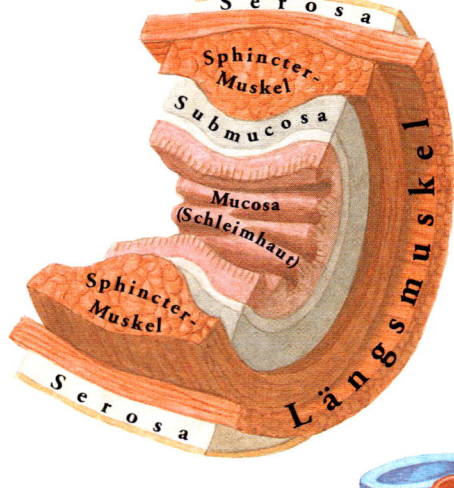

Der Magenpförtner

Das Tor zwischen Magen und Dünndarm heißt Sphincter pyloricus oder Magenpförtner. Er wird gebildet durch eine Verstärkung der Ringmuskulatur. Während des Verdauungsvorganges öffnet er sich von Zeit zu Zeit für wenige Sekunden. Die Kontraktionen der Magenwand-Muskulatur drücken dann einen kleinen Teil des Inhaltes in den Dünndarm.

Füllen und Entleeren

Eine durchschnittliche Mahlzeit braucht etwa sechs Stunden, um den Magen in Richtung Dünndarm zu passieren. Stärkehaltige, kohlenhydratreiche Nahrung verweilt nur die Hälfte dieser Zeit, während fettreiche noch nach acht bis neun Stunden im Magen zu finden ist.

Eine Mahlzeit erreicht deinen Magen als Folge von weichen, gut zerkauten Bissen, die mit Speichel vermischt sind. Mit jedem Schluckakt sammelt sich mehr Nahrung in deinem Magen. Er dehnt sich aus wie ein Ballon.

Nach ein bis zwei Stunden ist die Nahrung mit Magensäure und -enzymen durchmischt und bildet eine breiige Masse, den Chymus.

Einige Stunden später verläßt das Nahrungsgemisch portionsweise deinen Magen durch den Magenpförtner, den Sphincter pyloricus. Langsam nimmt er wieder seine Ausgangsgröße an.

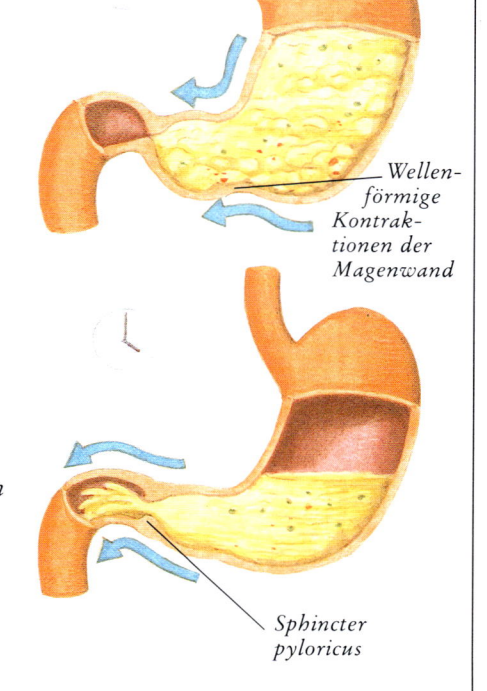

Wellenförmige Kontraktionen der Magenwand

Sphincter pyloricus

Ein kräftiger Schub

Der untere, schlauchförmige Teil unseres Magens heißt Pylorus. Er grenzt an das Duodenum, dem ersten Abschnitt des Dünndarms. Die Muskeln des Pylorus ziehen sich in kräftigen Wellen – den peristaltischen Kontraktionen – zusammen, um den Nahrungsbrei ins Duodenum zu schieben.

Arterien und Venen

Wie alle Organe hat auch der Magen seine eigene Blutversorgung. Eine Reihe von Arterien, die aus der Aorta abzweigen, bringen ihm frisches, sauerstoffreiches Blut. Einen Teil des verbrauchten, sauerstoffarmen Blutes führen die Venen zurück zum Herzen. Der übrige Teil gelangt über die Pfortader in die Leber. Dort werden Nahrungsbestandteile wie Zucker oder Alkohol verarbeitet, die durch die Magenwand ins Blut aufgenommen wurden.

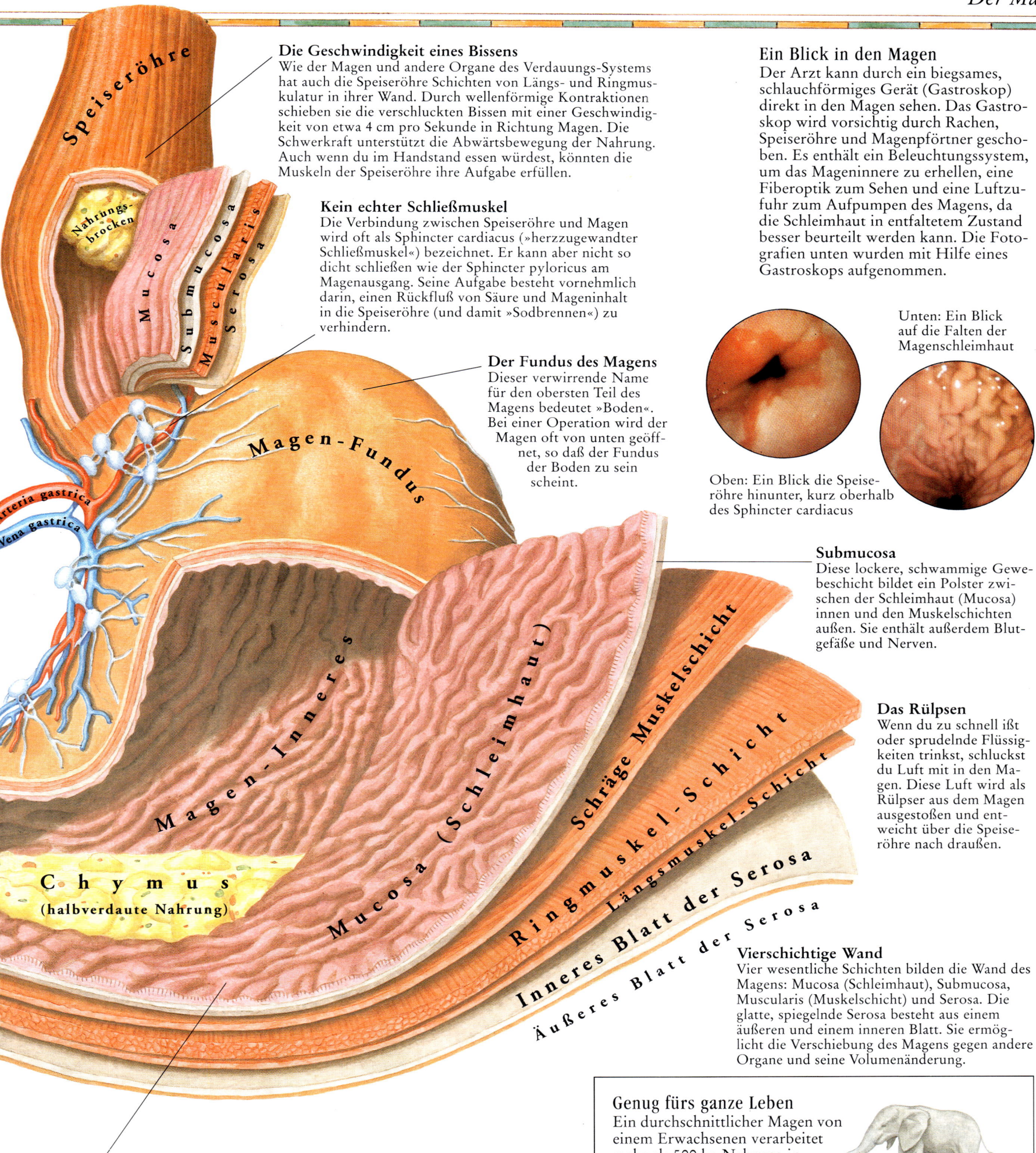

Speiseröhre

Nahrungs-brocken

Mucosa
Submucosa
Muscularis
Serosa

Arteria gastrica
Vena gastrica

Magen-Fundus

Magen-Inneres

Mucosa (Schleimhaut)

Schräge Muskelschicht

Ringmuskel-Schicht

Längsmuskel-Schicht

Inneres Blatt der Serosa

Äußeres Blatt der Serosa

Chymus
(halbverdaute Nahrung)

Die Geschwindigkeit eines Bissens
Wie der Magen und andere Organe des Verdauungs-Systems hat auch die Speiseröhre Schichten von Längs- und Ringmuskulatur in ihrer Wand. Durch wellenförmige Kontraktionen schieben sie die verschluckten Bissen mit einer Geschwindigkeit von etwa 4 cm pro Sekunde in Richtung Magen. Die Schwerkraft unterstützt die Abwärtsbewegung der Nahrung. Auch wenn du im Handstand essen würdest, könnten die Muskeln der Speiseröhre ihre Aufgabe erfüllen.

Kein echter Schließmuskel
Die Verbindung zwischen Speiseröhre und Magen wird oft als Sphincter cardiacus (»herzzugewandter Schließmuskel«) bezeichnet. Er kann aber nicht so dicht schließen wie der Sphincter pyloricus am Magenausgang. Seine Aufgabe besteht vornehmlich darin, einen Rückfluß von Säure und Mageninhalt in die Speiseröhre (und damit »Sodbrennen«) zu verhindern.

Der Fundus des Magens
Dieser verwirrende Name für den obersten Teil des Magens bedeutet »Boden«. Bei einer Operation wird der Magen oft von unten geöffnet, so daß der Fundus der Boden zu sein scheint.

Ein Blick in den Magen
Der Arzt kann durch ein biegsames, schlauchförmiges Gerät (Gastroskop) direkt in den Magen sehen. Das Gastroskop wird vorsichtig durch Rachen, Speiseröhre und Magenpförtner geschoben. Es enthält ein Beleuchtungssystem, um das Mageninnere zu erhellen, eine Fiberoptik zum Sehen und eine Luftzufuhr zum Aufpumpen des Magens, da die Schleimhaut in entfaltetem Zustand besser beurteilt werden kann. Die Fotografien unten wurden mit Hilfe eines Gastroskops aufgenommen.

Unten: Ein Blick auf die Falten der Magenschleimhaut

Oben: Ein Blick die Speiseröhre hinunter, kurz oberhalb des Sphincter cardiacus

Submucosa
Diese lockere, schwammige Gewebeschicht bildet ein Polster zwischen der Schleimhaut (Mucosa) innen und den Muskelschichten außen. Sie enthält außerdem Blutgefäße und Nerven.

Das Rülpsen
Wenn du zu schnell ißt oder sprudelnde Flüssigkeiten trinkst, schluckst du Luft mit in den Magen. Diese Luft wird als Rülpser aus dem Magen ausgestoßen und entweicht über die Speiseröhre nach draußen.

Vierschichtige Wand
Vier wesentliche Schichten bilden die Wand des Magens: Mucosa (Schleimhaut), Submucosa, Muscularis (Muskelschicht) und Serosa. Die glatte, spiegelnde Serosa besteht aus einem äußeren und einem inneren Blatt. Sie ermöglicht die Verschiebung des Magens gegen andere Organe und seine Volumenänderung.

Mucosa
Die samtartige Oberfläche der Magenschleimhaut (Mucosa) kommt durch Tausende von Falten und Grübchen zustande. Verschiedene Arten von Drüsen münden mit ihren Ausgängen in die Grübchen. Einige stellen Salzsäure her, andere Pepsin. Das ist ein Enzym für die Fleischverdauung. Wieder andere produzieren das Hormon Gastrin, das die Ausschüttung der Magensäfte reguliert, abhängig vom Füllungszustand des Magens. Wenn sich der Magen zusammenzieht, wird die Schleimhaut in Falten aufgeworfen.

Schleimfilm
Was hält die starken, fleischverdauenden Enzyme davon ab, den Magen selbst aufzufressen? Die »Selbstverteidigung« des Magens übernimmt ein Überzug aus Schleim. Er wird in den Zellen der Magenwand hergestellt und bedeckt als dünner Film die gesamte innere Schleimhaut.

Genug fürs ganze Leben
Ein durchschnittlicher Magen von einem Erwachsenen verarbeitet mehr als 500 kg Nahrung in einem Jahr. Über eine Zeitspanne von 70 Jahren gerechnet ergibt das – auch wenn man die kleineren Mahlzeiten während der Kindheit berücksichtigt – mehr als 30 000 kg. Das entspricht etwa dem Gewicht von sechs Elefanten ohne Stoßzähne.

Leber, Pankreas und Milz

In vergangenen Zeiten glaubten die Menschen, Liebe und Mut kämen aus der Leber. Heute wissen wir natürlich, daß unser Gehirn der Ursprungsort von Empfindungen und Gefühlen ist. Trotzdem trägt die Leber erheblich zum Wohlbefinden bei. Sie ist eine kompliziert aufgebaute »chemische Fabrik« mit etwa 600 verschiedenen Aufgaben für den Metabolismus, die Körper-Chemie. Sie produziert und lagert Nährstoffe und energieliefernde Zuckerverbindungen. Sie filtert und entgiftet Blut, indem sie gesundheitsschädigende Stoffe in harmlose umbaut. Die Leber bildet Gallenflüssigkeit für die Verdauung und bevorratet Vitamine und Mineralien.

Auf der linken Seite der Leber liegt die Bauchspeicheldrüse (Pankreas). Sie hat zwei unterschiedliche Aufgaben. Eine besteht in der Herstellung von Verdauungs-Enzymen, die durch einen Gang in den Dünndarm ausgeschüttet werden, wenn Nahrung hindurchfließt. Die andere Aufgabe stellt die Produktion von Insulin und Glukagon dar. Das sind zwei Hormone, welche die Aufnahme von Energie in die Körperzellen steuern.

Ein weiteres Organ im oberen Bauchraum ist die Milz. Sie dient der Abwehr von Krankheitserregern und entfernt überalterte, unbrauchbare rote Blutkörperchen aus dem Blut.

Leberlappen
Deine Leber wiegt etwa 1,5 kg. Sie ist das größte innere Organ deines Körpers. Sie besteht aus einem großen rechten und einem kleineren linken Lappen. Beide werden vom Ligamentum falciforme getrennt.

Wo liegt was?
Die Leber liegt, wie auch der Magen, weiter oben als die meisten Menschen glauben. Ihr oberster Buckel erstreckt sich unter dem kuppelförmigen Zwerchfell bis auf Höhe deiner rechten Brustwarze. Auf ihrer linken Seite, gleich unterhalb deines Magens, befindet sich das Pankreas. Die Milz liegt im oberen linken Bauchraum, hinter deinem Magen. Alle drei Organe werden von deinen unteren Rippen geschützt.

Im Inneren eines Leberläppchens
Die Oberfläche der Leber erscheint glatt. Ihr Inneres besteht aber aus etwa 75 000 winzigen Leberläppchen. Sie sind im Querschnitt ungefähr 2 mm breit und haben die Gestalt eines sechsseitigen Eies. In ihrer Mitte läuft die Zentralvene, um die sich die Leberzellen, oder Hepatozyten, gruppieren. Die Räume zwischen den Leberzellen heißen Sinusoide. Sie sind gefüllt mit dem nährstoffreichen Pfortaderblut aus dem Verdauungs-System, das in den Leberzellen verarbeitet wird. Zwischen den einzelnen Läppchen verläuft je ein Ast von Leber-Arterie und Pfortader sowie ein Gallengang.

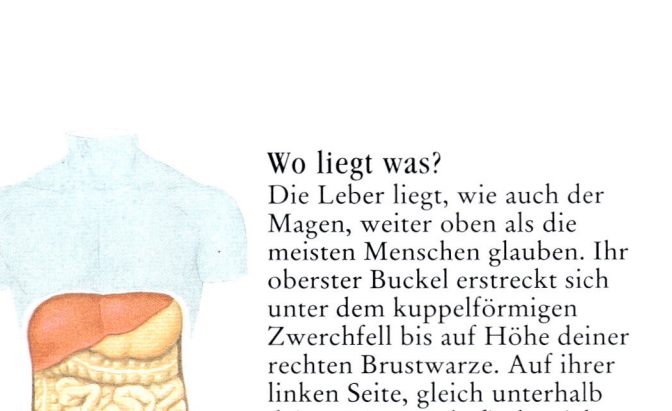

Leber-Vene
Zentralvene
Sinusoide
Leberzellen
Ast der Leber-Arterie
Ast der Leber-Vene
Ast des Gallenganges
Pfortader

Gallenblase
In einer Kehlung des rechten unteren Leberlappens liegt die birnenförmige, etwa 10 cm lange Gallenblase. Sie enthält eine gelbliche Flüssigkeit, deren wichtigster Bestandteil die in der Leber hergestellten Gallensäuren sind. Diese sind notwendig für die Verdauung von Fetten im Dünndarm.

Doppelter Dienst
Die Leber kann für die Gallenblase einspringen, wenn diese entfernt werden mußte, und die Galle direkt in den Dünndarm abgeben. Das Lebergewebe steigert bei Bedarf seine Leistung enorm. Auch wenn du drei Viertel deiner Leber verlierst, kann sie ihre Aufgaben noch erfüllen.

Gallenblase
Die Leber produziert etwa einen Liter Galle pro Tag. Ein Teil davon gelangt durch die Gallenwege direkt in den Dünndarm. Der Rest wird in der Gallenblase gesammelt. Wenn der Magen portionsweise Chymus ins Duodenum entläßt, wird über eine Rückkopplung ein Hormon freigesetzt. Dieses befiehlt der Gallenblase, sich zusammenzuziehen und so die Galle ins Duodenum zu pressen.

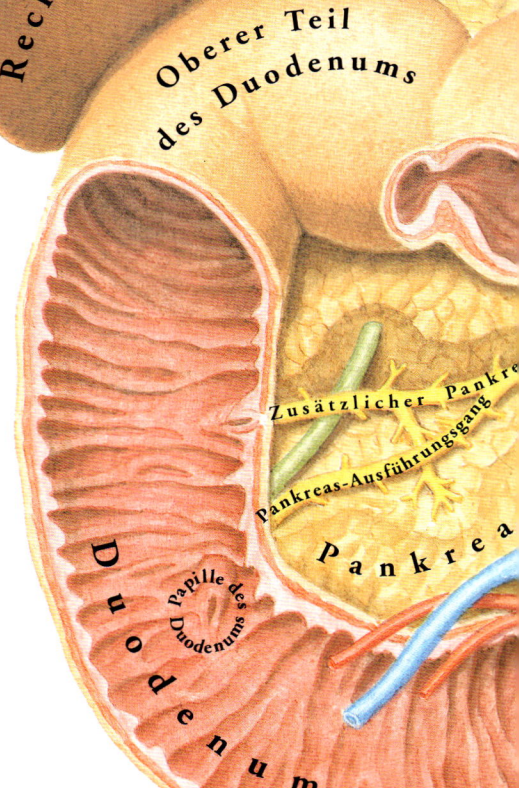

Leber
Link
Ligamentum falciform
Bauchfell
Gallenblase
Gallengang
Rechter Leberlappen
Oberer Teil des Duodenums
Zusätzlicher Pankre
Pankreas-Ausführungsgang
Pankrea
Duodenum
Papille des Duodenums

Vitamin-Vorrat

Viele Vitamine und Mineralien aus deiner Nahrung werden in der Leber gelagert und in den Blutkreislauf abgegeben, wenn du sie brauchst. Dazu gehören Kupfer, Eisen und die Vitamine A, D, E und K.

Lymph-Versorgung

Lymphe, die sich in der Leber sammelt, ist sehr reich an Proteinen (Eiweiß). Ein Teil davon zirkuliert weiter durch das Lymphgefäß-System. Der Rest gelangt über eine der großen herznahen Venen zurück in den Blutstrom.

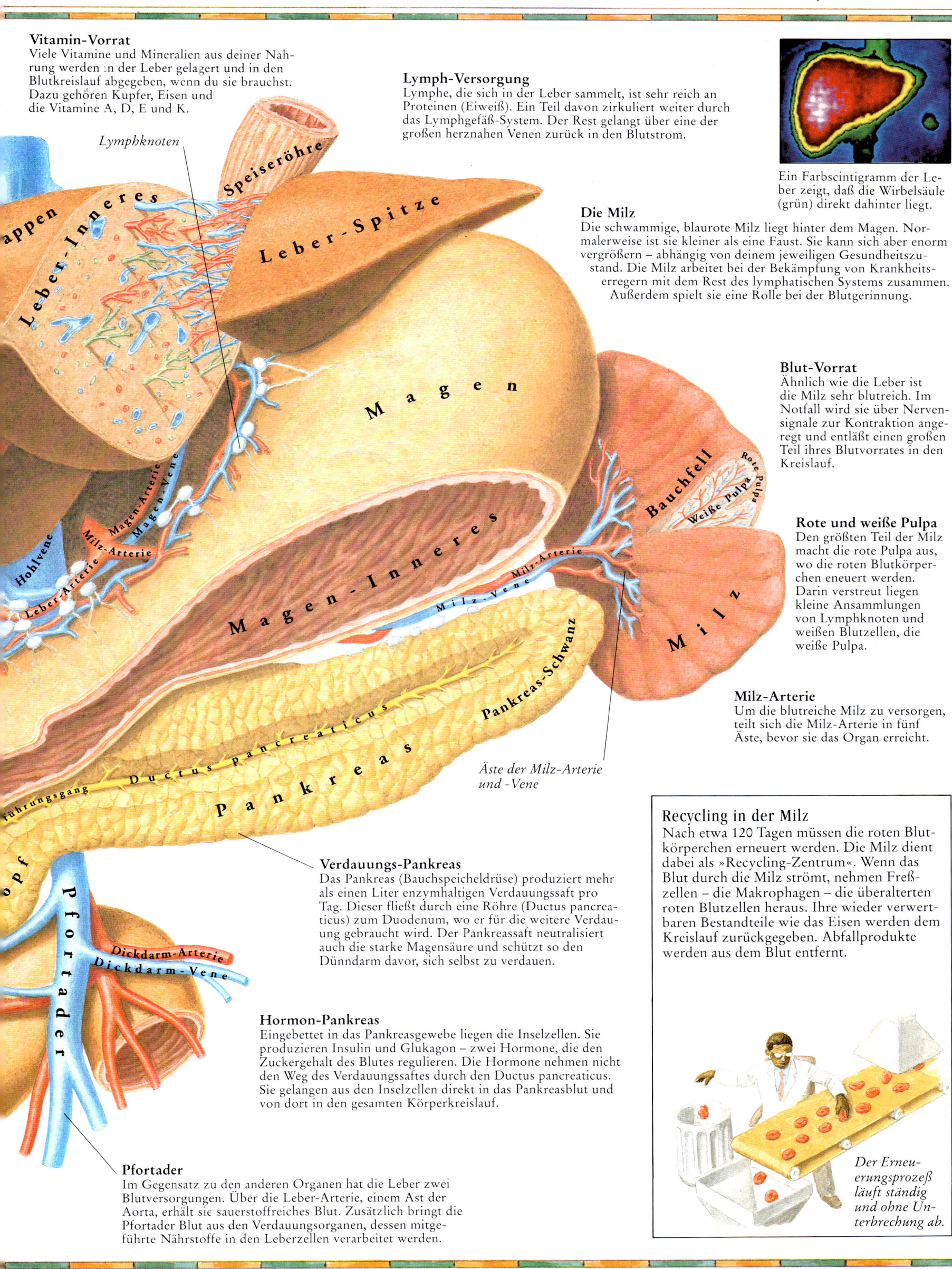

Ein Farbscintigramm der Leber zeigt, daß die Wirbelsäule (grün) direkt dahinter liegt.

Die Milz

Die schwammige, blaurote Milz liegt hinter dem Magen. Normalerweise ist sie kleiner als eine Faust. Sie kann sich aber enorm vergrößern – abhängig von deinem jeweiligen Gesundheitszustand. Die Milz arbeitet bei der Bekämpfung von Krankheitserregern mit dem Rest des lymphatischen Systems zusammen. Außerdem spielt sie eine Rolle bei der Blutgerinnung.

Blut-Vorrat

Ähnlich wie die Leber ist die Milz sehr blutreich. Im Notfall wird sie über Nervensignale zur Kontraktion angeregt und entläßt einen großen Teil ihres Blutvorrates in den Kreislauf.

Rote und weiße Pulpa

Den größten Teil der Milz macht die rote Pulpa aus, wo die roten Blutkörperchen eneuert werden. Darin verstreut liegen kleine Ansammlungen von Lymphknoten und weißen Blutzellen, die weiße Pulpa.

Milz-Arterie

Um die blutreiche Milz zu versorgen, teilt sich die Milz-Arterie in fünf Äste, bevor sie das Organ erreicht.

Verdauungs-Pankreas

Das Pankreas (Bauchspeicheldrüse) produziert mehr als einen Liter enzymhaltigen Verdauungssaft pro Tag. Dieser fließt durch eine Röhre (Ductus pancreaticus) zum Duodenum, wo er für die weitere Verdauung gebraucht wird. Der Pankreassaft neutralisiert auch die starke Magensäure und schützt so den Dünndarm davor, sich selbst zu verdauen.

Hormon-Pankreas

Eingebettet in das Pankreasgewebe liegen die Inselzellen. Sie produzieren Insulin und Glukagon – zwei Hormone, die den Zuckergehalt des Blutes regulieren. Die Hormone nehmen nicht den Weg des Verdauungssaftes durch den Ductus pancreaticus. Sie gelangen aus den Inselzellen direkt in das Pankreasblut und von dort in den gesamten Körperkreislauf.

Pfortader

Im Gegensatz zu den anderen Organen hat die Leber zwei Blutversorgungen. Über die Leber-Arterie, einem Ast der Aorta, erhält sie sauerstoffreiches Blut. Zusätzlich bringt die Pfortader Blut aus den Verdauungsorganen, dessen mitgeführte Nährstoffe in den Leberzellen verarbeitet werden.

Recycling in der Milz

Nach etwa 120 Tagen müssen die roten Blutkörperchen erneuert werden. Die Milz dient dabei als »Recycling-Zentrum«. Wenn das Blut durch die Milz strömt, nehmen Freßzellen – die Makrophagen – die überalterten roten Blutzellen heraus. Ihre wieder verwertbaren Bestandteile wie das Eisen werden dem Kreislauf zurückgegeben. Abfallprodukte werden aus dem Blut entfernt.

Der Erneuerungsprozeß läuft ständig und ohne Unterbrechung ab.

Labels in illustration: Lymphknoten, Speiseröhre, ...appen, Leber-Inneres, Leber-Spitze, Magen, Magen-Inneres, Hohlvene, Magen-Arterie, Magen-Vene, Milz-Arterie, Leber-Arterie, Milz-Vene, Milz-Arterie, Bauchfell, Rote Pulpa, Weiße Pulpa, Milz, Pankreas-Schwanz, Pankreas, Ductus pancreaticus, ...führungsgang, Äste der Milz-Arterie und -Vene, ...opf, Pfortader, Dickdarm-Arterie, Dickdarm-Vene

Dünndarm und Dickdarm

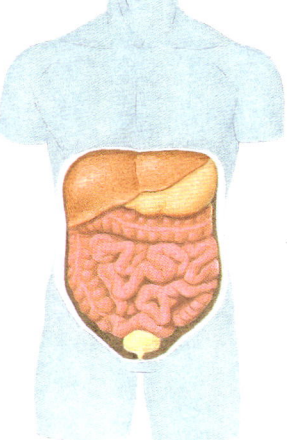

Jeder Nahrungshappen wird erst von deinen Zähnen zerkaut, dann durch die Speiseröhre in den Magen befördert und dort innerhalb mehrerer Stunden zu einer breiigen Masse verarbeitet. Erst nach dieser Vorbereitung kann die eigentliche Verdauung im Darm beginnen. Alles, was dein Körper verwerten kann, wird herausgelöst und aufgenommen.

Die Schlingen von Dünn- und Dickdarm machen den größten Teil des Verdauungssystems aus. Dein Dünndarm ist eng, aber 5-6 m lang. Das Nahrungsgemisch braucht zwei bis sechs Stunden, um ihn zu passieren. Im Dünndarm werden weitere Enzyme und Verdauungssäfte beigemischt. Die Verdauung, die durch Mundspeichel und Magensäfte eingeleitet wurde, wird fortgeführt. Die herausgelösten Nährstoffe werden in die Blut- und Lymphgefäße der Darmwand aufgenommen.

Mit etwa 1,5 m ist dein Dickdarm kürzer als dein Dünndarm, dafür ist er viel weiter. Seine Hauptaufgaben sind die Aufnahme von Wasser und Mineralstoffen sowie die Vorbereitung der Überreste für die Ausscheidung. Diese erfolgt wenige Stunden bis einige Tage später durch den Muskelring, der das Ende des Dickdarms bildet, den Anus.

Mesenterium

Das Mesenterium ist ein Teil des Bauchfells, das die Bauchhöhle innen auskleidet. Seine schmale Wurzel ist an der hinteren Bauchwand befestigt. Zu den Dünndarmschlingen hin fächert sich das Mesenterium weitläufig auf. Es beinhaltet Blut- und Lymphgefäße. Außerdem hält es den Dünndarm an seinem Platz und verhindert, daß die vielen Schlingen sich verknoten.

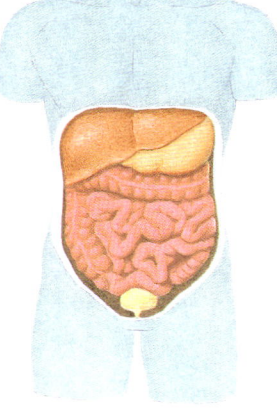

Ein Blick auf den Darm

In der Abbildung rechts wurden Leber und Magen herausgenommen. Die Dünndarmschlingen und das große Netz wurden zur Seite geschoben, das dahinterliegende Mesenterium dadurch gestreckt. Nun zeigt sich die N-förmige Schleife des Dickdarms und das ausgedehnte Netzwerk von Blutgefäßen, das ihn versorgt.

Großes Netz

Jejunum

Dünndarmschlingen

Mesenterium

Ileum

Sero...

Muscula...

Mucosa

Inneres Ile...

Die menschlichen Därme

Der Dünndarm schlängelt und windet sich in der Mitte der Bauchhöhle, unterhalb von Magen, Leber und Pankreas. Der Dickdarm formt den »Bilderrahmen« außen herum. Er läuft an der rechten Seite des Bauchraumes nach oben, kreuzt am Unterrand von Leber und Magen zur Gegenseite und führt links wieder nach unten.

Ein Areal der Dünndarmwand von der Größe deines Fingernagels enthält etwa 3000 Villi.

Jeder Villus ist etwa 1 mm lang.

Venole

Lymphbahn

Arteriole

Villi

Mikrovilli

Lymphbahn

Villi

Die Muskeln kontrahieren und erschlaffen, um das Nahrungsgemisch weiter zu transportieren.

Ringmuskel-Schicht

Längsmuskel-Schicht

Finger zum Verdauen

Die innere Wand deines Dünndarms ist nicht glatt. Falten und Furchen geben ihr eine samtartige Struktur. Die größeren Falten sind eng mit Tausenden fingerförmiger Ausstülpungen, den Zotten oder Villi, besetzt. Die Oberfläche der Villi wiederum wird bedeckt von Hunderten noch kleinerer Strukturen, den Mikrovilli. Im Inneren jeder Zotte liegen eingebettet in Bindegewebe kleine Blutgefäße, die Arteriolen und Venolen, sowie winzige Lymphbahnen. Wenn die Nahrung den Dünndarm passiert, sickern die Nährstoffe durch die dünnen Wände der Mikrovilli in die Blut- und Lymphgefäße der Villi und gelangen über das Kreislauf-System in alle Körpergewebe. Zusammen vergrößern die Falten, Furchen, Villi und Mikrovilli die Oberfläche des Dünndarms etwa um den Faktor 600. Auf diese Strukturen ist die enorme Leistungsfähigkeit des menschlichen Dünndarms zurückzuführen.

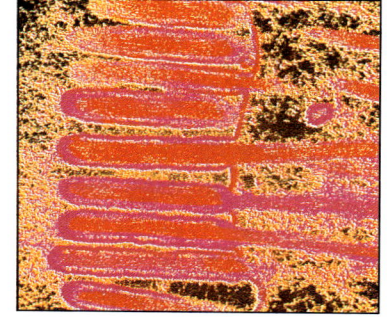

Die Mikrovilli (rot) kleiden die innere Wand des Duodenums aus (20 000fach vergrößert).

Die Mucosa enthält Venolen, Arteriolen und dünne Muskelschichten.

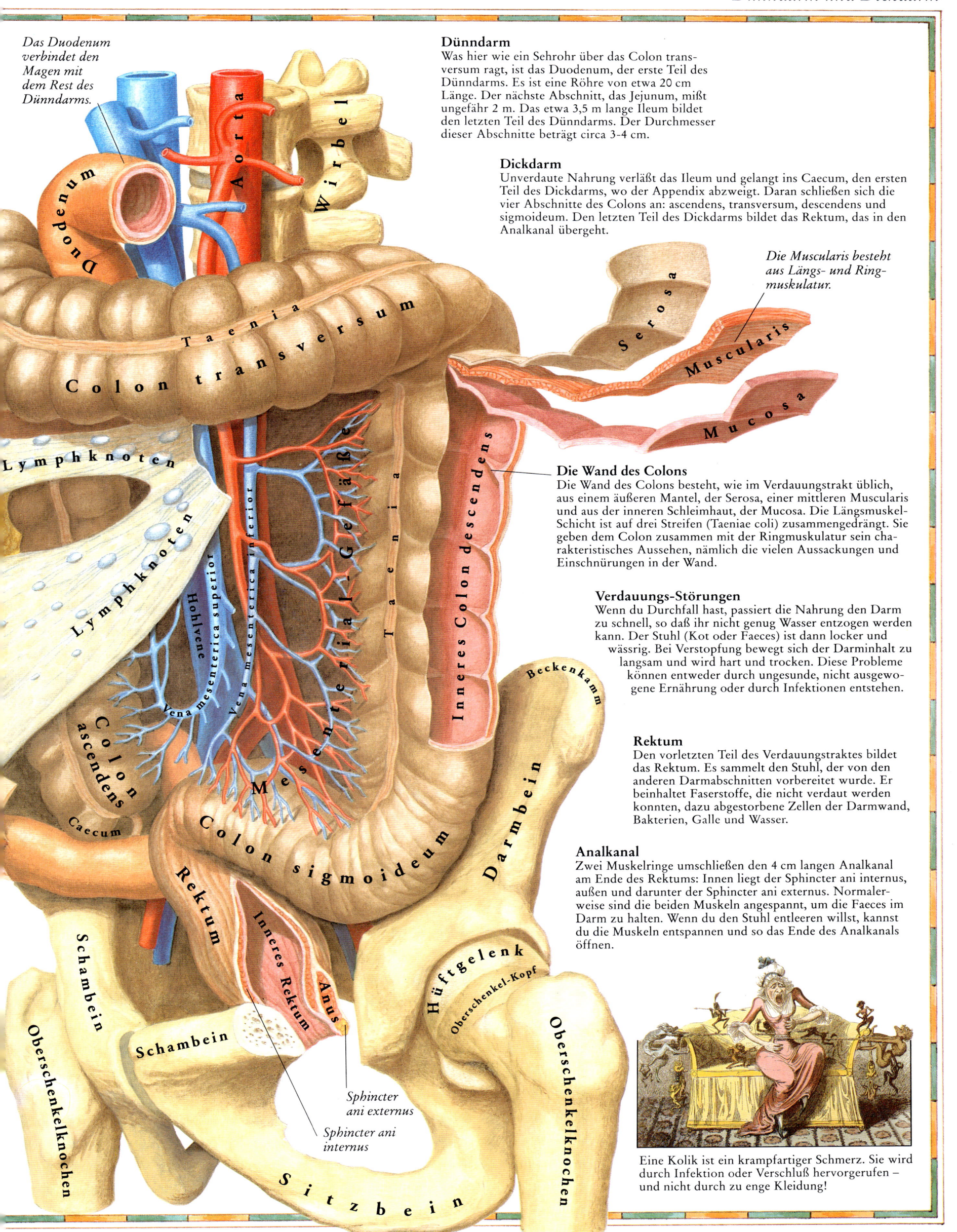

Das Duodenum verbindet den Magen mit dem Rest des Dünndarms.

Duodenum

Aorta

Wirbel

Dünndarm

Was hier wie ein Sehrohr über das Colon transversum ragt, ist das Duodenum, der erste Teil des Dünndarms. Es ist eine Röhre von etwa 20 cm Länge. Der nächste Abschnitt, das Jejunum, mißt ungefähr 2 m. Das etwa 3,5 m lange Ileum bildet den letzten Teil des Dünndarms. Der Durchmesser dieser Abschnitte beträgt circa 3-4 cm.

Dickdarm

Unverdaute Nahrung verläßt das Ileum und gelangt ins Caecum, den ersten Teil des Dickdarms, wo der Appendix abzweigt. Daran schließen sich die vier Abschnitte des Colons an: ascendens, transversum, descendens und sigmoideum. Den letzten Teil des Dickdarms bildet das Rektum, das in den Analkanal übergeht.

Die Muscularis besteht aus Längs- und Ring-muskulatur.

Serosa

Muscularis

Mucosa

Taenia

Colon transversum

Lymphknoten

Lymphknoten

Hohlvene

Vena mesenterica superior

Vena mesenterica inferior

Mesenterial-Gefäße

Taenia

Inneres Colon descendens

Colon ascendens

Caecum

Mesenterica

Colon sigmoideum

Beckenkamm

Darmbein

Die Wand des Colons

Die Wand des Colons besteht, wie im Verdauungstrakt üblich, aus einem äußeren Mantel, der Serosa, einer mittleren Muscularis und aus der inneren Schleimhaut, der Mucosa. Die Längsmuskel-Schicht ist auf drei Streifen (Taeniae coli) zusammengedrängt. Sie geben dem Colon zusammen mit der Ringmuskulatur sein charakteristisches Aussehen, nämlich die vielen Aussackungen und Einschnürungen in der Wand.

Verdauungs-Störungen

Wenn du Durchfall hast, passiert die Nahrung den Darm zu schnell, so daß ihr nicht genug Wasser entzogen werden kann. Der Stuhl (Kot oder Faeces) ist dann locker und wässrig. Bei Verstopfung bewegt sich der Darminhalt zu langsam und wird hart und trocken. Diese Probleme können entweder durch ungesunde, nicht ausgewogene Ernährung oder durch Infektionen entstehen.

Rektum

Den vorletzten Teil des Verdauungstraktes bildet das Rektum. Es sammelt den Stuhl, der von den anderen Darmabschnitten vorbereitet wurde. Er beinhaltet Faserstoffe, die nicht verdaut werden konnten, dazu abgestorbene Zellen der Darmwand, Bakterien, Galle und Wasser.

Analkanal

Zwei Muskelringe umschließen den 4 cm langen Analkanal am Ende des Rektums: Innen liegt der Sphincter ani internus, außen und darunter der Sphincter ani externus. Normalerweise sind die beiden Muskeln angespannt, um die Faeces im Darm zu halten. Wenn du den Stuhl entleeren willst, kannst du die Muskeln entspannen und so das Ende des Analkanals öffnen.

Rektum

Inneres Rektum

Anus

Hüftgelenk

Oberschenkel-Kopf

Schambein

Schambein

Sphincter ani externus

Sphincter ani internus

Oberschenkelknochen

Oberschenkelknochen

Sitzbein

Eine Kolik ist ein krampfartiger Schmerz. Sie wird durch Infektion oder Verschluß hervorgerufen – und nicht durch zu enge Kleidung!

Nieren und Blase

Die Überreste des Verdauungsprozesses werden vom Darm entsorgt. Aber viele Abfallprodukte aus chemischen Reaktionen entstehen im Inneren deiner Zellen. Dieser »Müll« tritt ins Blut über und gelangt durch das Kreislauf-System in ein Organpaar, das darauf spezialisiert ist, dein Blut zu filtern – die Nieren. Sie sortieren die Abfallprodukte aus und bereiten sie für die Ausscheidung vor. Das flüssige Endprodukt der Filtration heißt Urin (oder Harn). Tag und Nacht tröpfelt er aus den Nieren über die Harnleiter in die Blase, einer dehnbaren Vorratstasche in der unteren Bauchhöhle.

Wenn die Blase etwa die Größe deiner Faust erreicht hat, melden Dehnungs-Rezeptoren in ihrer Wand über Nervensignale dem Gehirn, daß es an der Zeit ist, den Urin loszuwerden. Also entspannst du einen Ringmuskel am Blasenausgang, den Sphincter urethrae. Die Muskeln der Blasenwand pressen den Urin durch die Harnröhre aus deinem Körper. Das war's dann – bis zum nächsten Mal.

Die Lage im Körper

Die zwei Nieren liegen in der Lendengegend beiderseits der Wirbelsäule, hinter den unteren Abschnitten von Leber und Magen, wo sie noch teilweise von den unteren Rippen geschützt werden. Die beiden Nieren sind nicht spiegelbildlich angeordnet. Die rechte liegt meist 1-2 cm tiefer als die linke.

Lunge
Leber
Magen
Niere
Blase

Im Inneren einer Niere

Ungefähr eine Million winziger Filter, die Nephrone, reinigen dein Blut. Wenn das Blut durch das Gefäßknäuel (Glomerulum) im Innern des Nephrons strömt, werden Abfallprodukte und Wasser in die umgebende Kapsel gepreßt. Sie fließen dann durch ein U-förmiges Rohr, aus dem der größte Teil des Wassers mit brauchbaren Mineralien wieder ins Blut aufgenommen wird. Der Rest tröpfelt in das System von Urin-Sammelröhrchen. Deine Nieren regulieren auch den Flüssigkeitshaushalt deines Körpers. Das Wasser, das du jeden Tag als Schweiß, Urin und als Wasserdampf beim Ausatmen verlierst, muß ersetzt werden. Wenn die Flüssigkeit, die du aufnimmst, nicht reicht, um den Verlust auszugleichen, drosseln deine Nieren die Urinproduktion. Wenn du zuviel

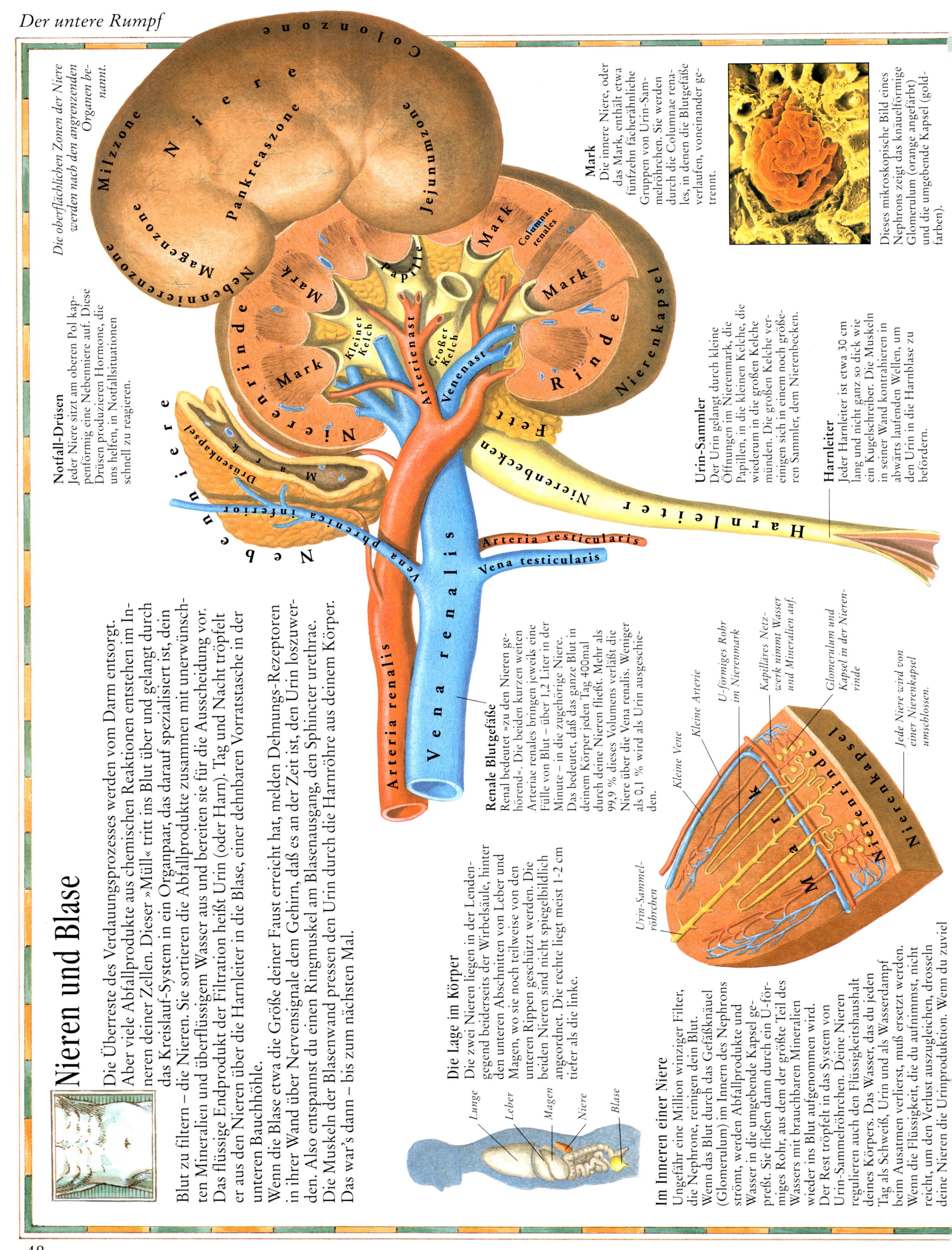

Notfall-Drüsen

Jeder Niere sitzt am oberen Pol kappenförmig eine Nebenniere auf. Diese Drüsen produzieren Hormone, die uns helfen, in Notfallsituationen schnell zu reagieren.

Colonzone
N i e r e
Milzzone
Magenzone
Pankreaszone
Jejunumzone
Nebennierenzone
Nierenrinde
N i e r e
Drüsenkapsel
Mark
N e b e n n i e r e
Vena phrenica inferior
Arteria renalis
Vena renalis

Renale Blutgefäße

Renal bedeutet »zu den Nieren gehörend«. Die beiden kurzen weiten Arteriae renales bringen jeweils eine Fülle von Blut – über 1,2 Liter in der Minute – in die zugehörige Niere. Das bedeutet, daß das ganze Blut in deinem Körper jeden Tag 400mal durch deine Nieren fließt. Mehr als 99,9 % dieses Volumens verläßt die Niere über die Vena renalis. Weniger als 0,1 % wird als Urin ausgeschieden.

Arterienast
Großer Kelch
Venenast
Kleiner Kelch
Mark
Mark
Mark
Papille
Columnae renales
Mark
Rinde
Nierenkapsel
Fett
Nierenbecken
H a r n l e i t e r
Arteria testicularis
Vena testicularis

Mark

Die innere Niere, oder das Mark, enthält etwa fünfzehn fächerähnliche Gruppen von Urin-Sammelröhrchen. Sie werden durch die Columnae renales, in denen die Blutgefäße verlaufen, voneinander getrennt.

Urin-Sammler

Der Urin gelangt durch kleine Öffnungen im Nierenmark, die Papillen, in die kleinen Kelche, die wiederum in die großen Kelche münden. Die großen Kelche vereinigen sich in einem noch größeren Sammler, dem Nierenbecken.

Harnleiter

Jeder Harnleiter ist etwa 30 cm lang und nicht ganz so dick wie ein Kugelschreiber. Die Muskeln in seiner Wand kontrahieren in abwärts laufenden Wellen, um den Urin in die Harnblase zu befördern.

Kleine Arterie
Kleine Vene
U-förmiges Rohr im Nierenmark
Kapilläres Netzwerk nimmt Wasser und Mineralien auf.
Glomerulum und Kapsel in der Nierenrinde
Jede Niere wird von einer Nierenkapsel umschlossen.
Urin-Sammelröhrchen
Nierenrinde
Mark
Nierenkapsel

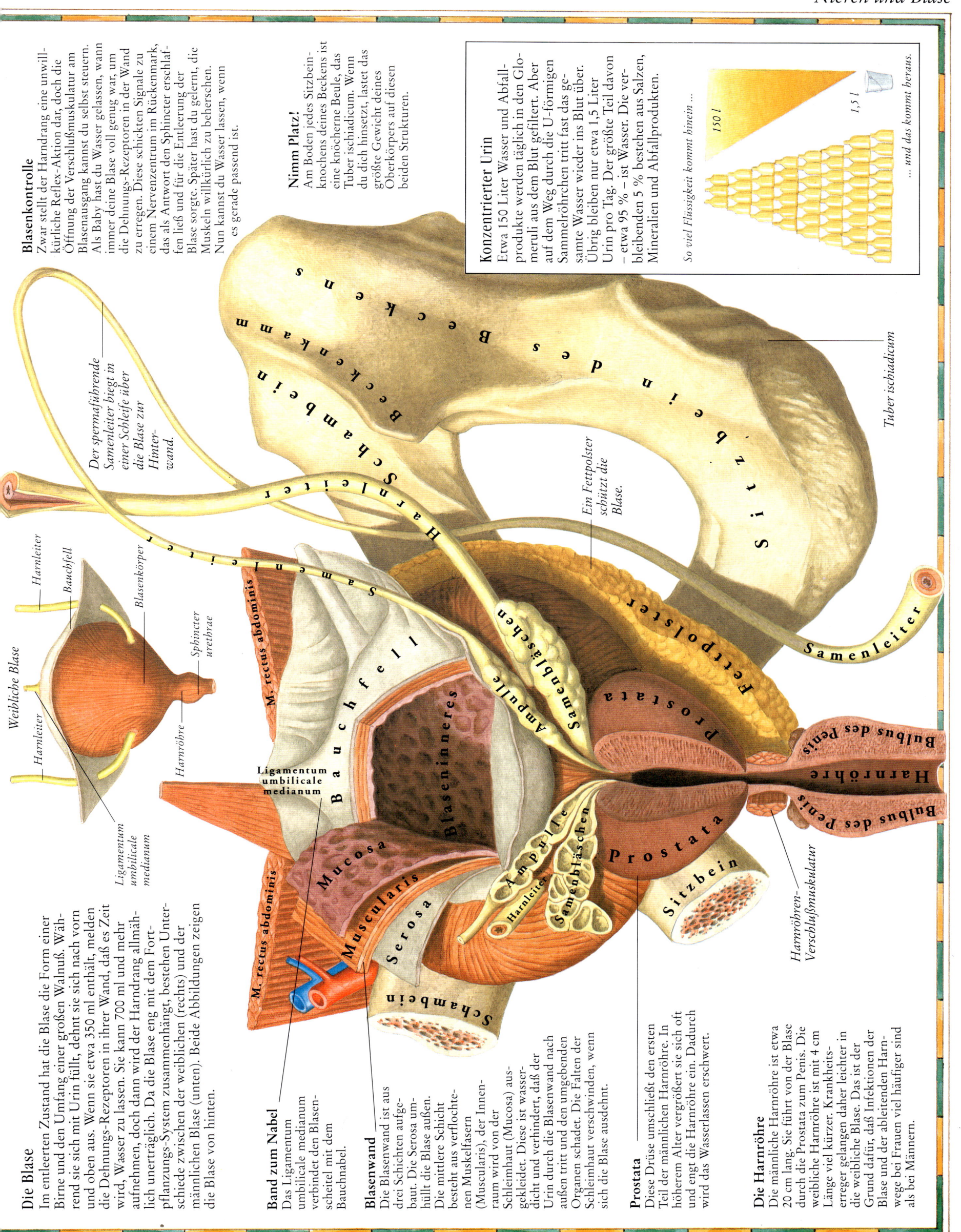

Blasenkontrolle
Zwar stellt der Harndrang eine unwillkürliche Reflex-Aktion dar, doch die Öffnung der Verschlußmuskulatur am Blasenausgang kannst du selbst steuern. Als Baby hast du Wasser gelassen, wann immer deine Blase voll genug war, um die Dehnungs-Rezeptoren in der Wand zu erregen. Diese schickten Signale zu einem Nervenzentrum im Rückenmark, das als Antwort den Sphincter erschlaffen ließ und für die Entleerung der Blase sorgte. Später hast du gelernt, die Muskeln willkürlich zu beherschen. Nun kannst du Wasser lassen, wenn es gerade passend ist.

Nimm Platz!
Am Boden jedes Sitzbeinknochens deines Beckens ist eine knöcherne Beule, das Tuber ischiadicum. Wenn du dich hinsetzt, lastet das größte Gewicht deines Oberkörpers auf diesen beiden Strukturen.

Konzentrierter Urin
Etwa 150 Liter Wasser und Abfallprodukte werden täglich in den Glomeruli aus dem Blut gefiltert. Aber auf dem Weg durch die U-förmigen Sammelröhrchen tritt fast das gesamte Wasser wieder ins Blut über. Übrig bleiben nur etwa 1,5 Liter Urin pro Tag. Der größte Teil davon – etwa 95 % – ist Wasser. Die verbleibenden 5 % bestehen aus Salzen, Mineralien und Abfallprodukten.

So viel Flüssigkeit kommt hinein ...

150 l

1,5 l

... und das kommt heraus.

Die Blase
Im entleerten Zustand hat die Blase die Form einer Birne und den Umfang einer großen Walnuß. Während sie sich mit Urin füllt, dehnt sie sich nach vorn und oben aus. Wenn sie etwa 350 ml enthält, melden die Dehnungs-Rezeptoren in ihrer Wand, daß es Zeit wird, Wasser zu lassen. Sie kann 700 ml und mehr aufnehmen, doch dann wird der Harndrang allmählich unerträglich. Da die Blase eng mit dem Fortpflanzungs-System zusammenhängt, bestehen Unterschiede zwischen der weiblichen (rechts) und der männlichen Blase (unten). Beide Abbildungen zeigen die Blase von hinten.

Band zum Nabel
Das Ligamentum umbilicale medianum verbindet den Blasenscheitel mit dem Bauchnabel.

Blasenwand
Die Blasenwand ist aus drei Schichten aufgebaut. Die Serosa umhüllt die Blase außen. Die mittlere Schicht besteht aus verflochtenen Muskelfasern (Muscularis), der Innenraum wird von der Schleimhaut (Mucosa) ausgekleidet. Diese ist wasserdicht und verhindert, daß der Urin durch die Blasenwand nach außen tritt und den umgebenden Organen schadet. Die Falten der Schleimhaut verschwinden, wenn sich die Blase ausdehnt.

Prostata
Diese Drüse umschließt den ersten Teil der männlichen Harnröhre. In höherem Alter vergrößert sie sich oft und engt die Harnröhre ein. Dadurch wird das Wasserlassen erschwert.

Die Harnröhre
Die männliche Harnröhre ist etwa 20 cm lang. Sie führt von der Blase durch die Prostata zum Penis. Die weibliche Harnröhre ist mit 4 cm Länge viel kürzer. Krankheitserreger gelangen daher leichter in die weibliche Blase. Das ist der Grund dafür, daß Infektionen der ableitenden Harnwege bei Frauen viel häufiger sind als bei Männern.

Der spermaführende Samenleiter biegt in einer Schleife über die Blase zur Hinterwand.

Weibliche Blase

Harnleiter

Bauchfell

Blasenkörper

Harnleiter

Sphincter urethrae

Harnröhre

Ligamentum umbilicale medianum

M. rectus abdominis

Bauchfell

Ligamentum umbilicale medianum

Mucosa

Muscularis

Serosa

M. rectus abdominis

Schambein

Blaseninneres

Ampulle

Samenbläschen

Ampulle

Harnleiter

Samenbläschen

Prostata

Sitzbein

Harnröhren-Verschlußmuskulatur

Harnröhre

Bulbus des Penis

Bulbus des Penis

Prostata

Fettpolster

Samenleiter

Samenleiter

Ein Fettpolster schützt die Blase.

Tuber ischiadicum

Sitzbein

Beckenkamm

Schambein

Darmbein des Beckens

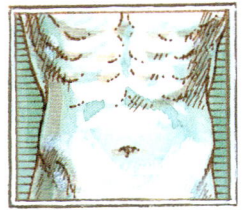

Die männlichen Fortpflanzungsorgane

Der offensichtlichste Unterschied zwischen männlichem und weiblichem Körper liegt in den Fortpflanzungsorganen. Aufgabe der männlichen Geschlechtsorgane ist es, Spermien zu produzieren und bereitzustellen. Spermien sind die winzigen, kaulquappenförmigen Zellen, die das weibliche Ei befruchten. Ihre Produktion beginnt in der Pubertät und währt bis ins höhere Alter. Die Spermien werden in den beiden Hoden hergestellt. Beim Geschlechtsverkehr wandern sie durch den Samenleiter zum Penis, wo sie den männlichen Körper verlassen und in den weiblichen übertreten. Dieser Vorgang heißt Ejakulation.

Die Fortpflanzungsorgane heißen auch Sexualorgane oder Genitalien. Sie hängen eng mit dem exkretorischen System zusammen. Beim Mann dient die Harnröhre sowohl der spermienhaltigen Samenflüssigkeit als auch dem Urin als Weg nach außen.

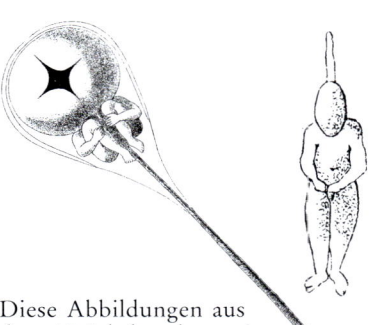

Diese Abbildungen aus dem 17. Jahrhundert zeigen die Vorstellungen, die damals über das Aussehen von Samenzellen herrschten.

Bildliche Darstellungen

In vielen Kulturen standen die Fortpflanzungsorgane im Mittelpunkt – als Symbol für Fruchtbarkeit, Stärke und Macht. Beispiele sind in vielen bildlichen Darstellungen der aufgerichtete Penis des Mannes oder die übertrieben dargestellten Umrisse der Brüste und Hüften der Frau. Die Vorgänge bei der Fortpflanzung waren bis zur Mitte des 19. Jahrhunderts nicht vollständig bekannt. Man glaubte zum Beispiel lange Zeit, daß eine Samenzelle bereits eine winzige Person enthielt.

Der Weg der Spermien

Bei sexueller Erregung und Ejakulation folgen die Spermien einem gewundenen Pfad (im Bild blau dargestellt) von ihrem Entwicklungsort in den Hoden durch den Penis nach außen. Unterwegs steuern mehrere Drüsen ihr Sekret zur Samenflüssigkeit bei. Dazu gehören die beiden Samenbläschen hinter der Harnblase, die die Harnröhre umgebende Prostata und die beiden Cowperschen Drüsen an der Basis des Penis. Die Samenflüssigkeit enthält Nährstoffe und chemische Substanzen, die den Spermien auf ihrem Weg Hilfe leisten.

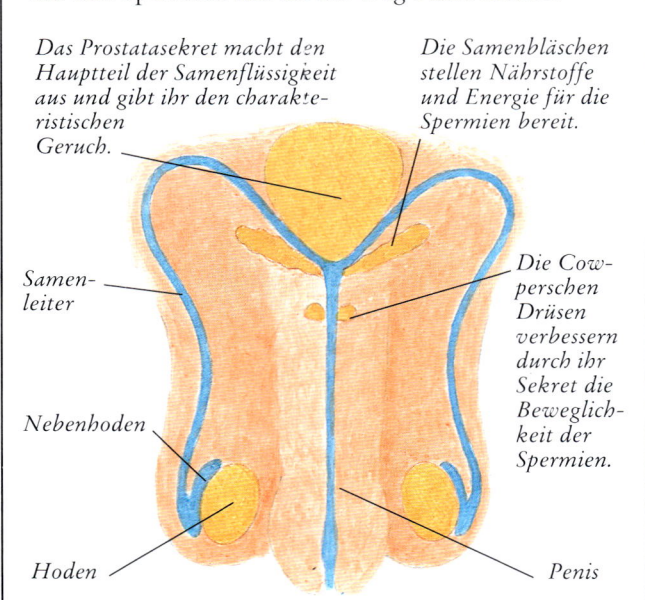

Das Prostatasekret macht den Hauptteil der Samenflüssigkeit aus und gibt ihr den charakteristischen Geruch.

Die Samenbläschen stellen Nährstoffe und Energie für die Spermien bereit.

Die Cowperschen Drüsen verbessern durch ihr Sekret die Beweglichkeit der Spermien.

Samenleiter

Nebenhoden

Hoden

Penis

Innen und außen

Die männlichen Fortpflanzungsorgane liegen teils im Bauchraum, teils außerhalb. Innen befinden sich die walnußförmige Prostata und die Verbindungsgänge der Organe, außen der Penis und der dahinterliegende Hodensack (Skrotum). Er enthält die beiden Hoden, in denen die Spermien produziert werden.

Samenleiter

Der Samenleiter ist ein dünner, 40 cm langer Schlauch, der die Spermien von Hoden und Nebenhoden (wo sie heranreifen) zum Penis führt. Er verläuft bogenförmig über die Blase zur Rückseite der Prostata und bildet gemeinsam mit dem Gang des gleichseitigen Samenbläschens den Ductus ejaculatorius, der in die Harnröhre mündet.

Penis

Der Penis befördert beim Geschlechtsverkehr das Sperma in den weiblichen Körper. Er besteht im wesentlichen aus zwei Schwellkörpern, dem Corpus cavernosum und dem Corpus spongiosum. Während der sexuellen Erregung füllen sich diese mit Blut, und es kommt zur Erektion – das bedeutet, der Penis wird länger, dicker und steifer.

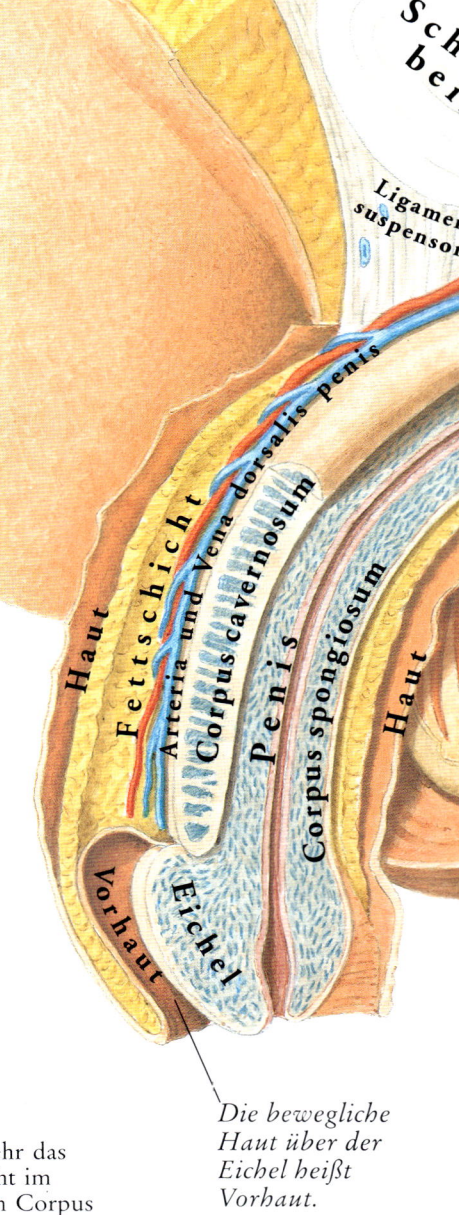

Beckenkamm

Haut

M. iliacus

M. transversus abdominis

M. obliquus internus

M. obliquus externus

Nervus cutaneus femoris lateralis

Nervus femoralis

Arteria und Vena testicularis

Samenleiter

Harnleiter

Fettschicht

Rechtes Bein

Sch... bei...

Ligamen... suspensor...

Haut

Fettschicht

Arteria und Vena dorsalis penis

Corpus cavernosum

Penis

Corpus spongiosum

Haut

Vorhaut

Eichel

Die bewegliche Haut über der Eichel heißt Vorhaut.

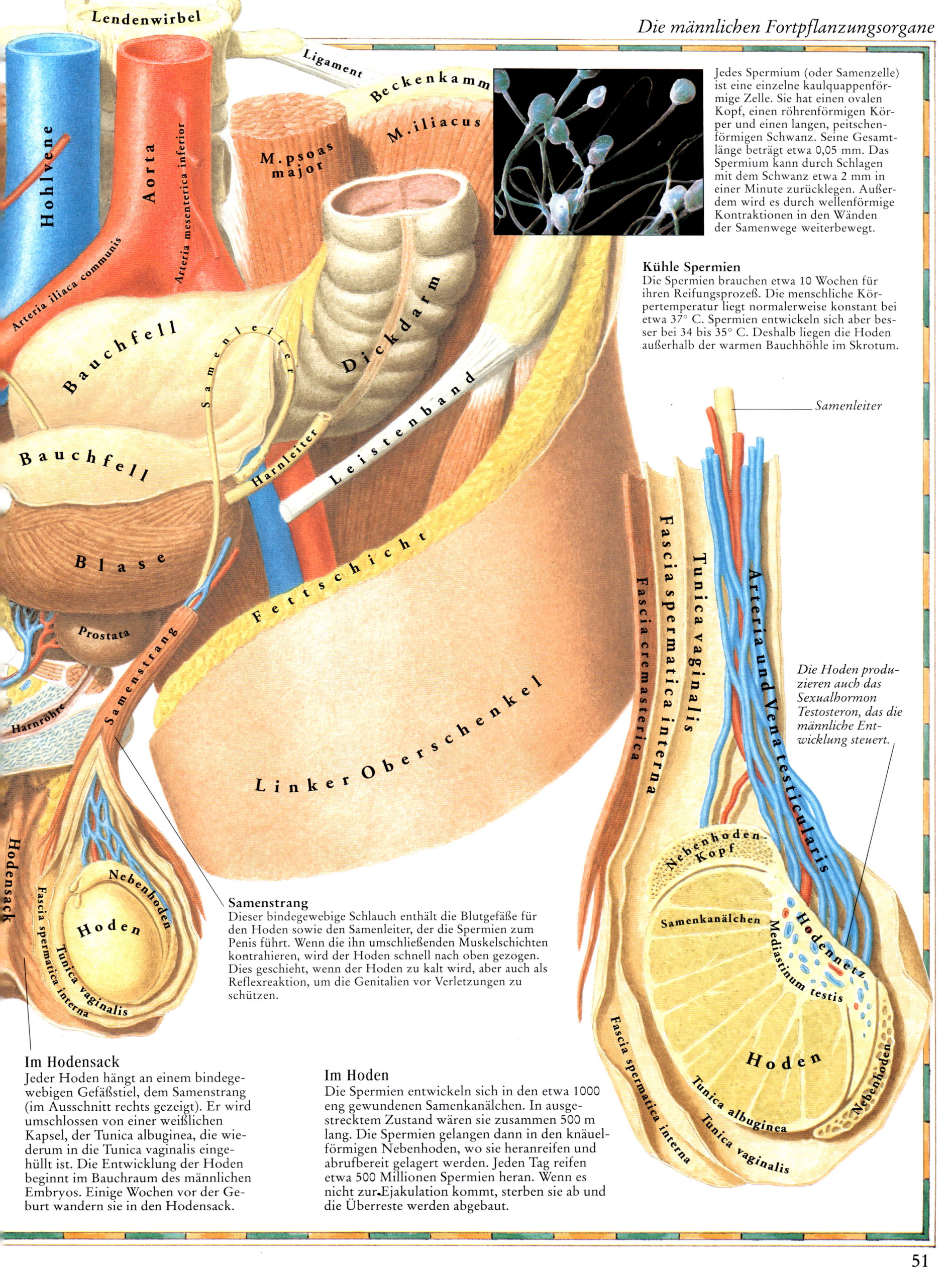

Lendenwirbel

Ligament

Beckenkamm

M. iliacus

M. psoas major

Hohlvene

Aorta

Arteria mesenterica inferior

Arteria iliaca communis

Bauchfell

Samenleiter

Dickdarm

Bauchfell

Harnleiter

Leistenband

Blase

Fettschicht

Prostata

Samenstrang

Linker Oberschenkel

Harnröhre

Hodensack

Fascia spermatica interna

Nebenhoden

Hoden

Tunica vaginalis

Fascia cremasterica

Fascia spermatica interna

Tunica vaginalis

Arteria und Vena testicularis

Nebenhoden-Kopf

Samenkanälchen

Hodennetz

Mediastinum testis

Fascia spermatica interna

Tunica albuginea

Tunica vaginalis

Hoden

Nebenhoden

Jedes Spermium (oder Samenzelle) ist eine einzelne kaulquappenförmige Zelle. Sie hat einen ovalen Kopf, einen röhrenförmigen Körper und einen langen, peitschenförmigen Schwanz. Seine Gesamtlänge beträgt etwa 0,05 mm. Das Spermium kann durch Schlagen mit dem Schwanz etwa 2 mm in einer Minute zurücklegen. Außerdem wird es durch wellenförmige Kontraktionen in den Wänden der Samenwege weiterbewegt.

Kühle Spermien

Die Spermien brauchen etwa 10 Wochen für ihren Reifungsprozeß. Die menschliche Körpertemperatur liegt normalerweise konstant bei etwa 37° C. Spermien entwickeln sich aber besser bei 34 bis 35° C. Deshalb liegen die Hoden außerhalb der warmen Bauchhöhle im Skrotum.

Samenleiter

Die Hoden produzieren auch das Sexualhormon Testosteron, das die männliche Entwicklung steuert.

Samenstrang

Dieser bindegewebige Schlauch enthält die Blutgefäße für den Hoden sowie den Samenleiter, der die Spermien zum Penis führt. Wenn die ihn umschließenden Muskelschichten kontrahieren, wird der Hoden schnell nach oben gezogen. Dies geschieht, wenn der Hoden zu kalt wird, aber auch als Reflexreaktion, um die Genitalien vor Verletzungen zu schützen.

Im Hodensack

Jeder Hoden hängt an einem bindegewebigen Gefäßstiel, dem Samenstrang (im Ausschnitt rechts gezeigt). Er wird umschlossen von einer weißlichen Kapsel, der Tunica albuginea, die wiederum in die Tunica vaginalis eingehüllt ist. Die Entwicklung der Hoden beginnt im Bauchraum des männlichen Embryos. Einige Wochen vor der Geburt wandern sie in den Hodensack.

Im Hoden

Die Spermien entwickeln sich in den etwa 1000 eng gewundenen Samenkanälchen. In ausgestrecktem Zustand wären sie zusammen 500 m lang. Die Spermien gelangen dann in den knäuelförmigen Nebenhoden, wo sie heranreifen und abrufbereit gelagert werden. Jeden Tag reifen etwa 500 Millionen Spermien heran. Wenn es nicht zur Ejakulation kommt, sterben sie ab und die Überreste werden abgebaut.

Die weiblichen Fortpflanzungsorgane

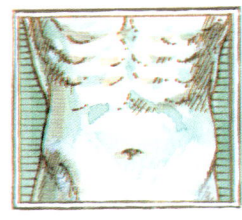

Obwohl die weiblichen und männlichen Geschlechtsorgane von außen sehr unterschiedlich aussehen, gibt es im Körperinneren doch deutliche Parallelen. Männer haben spermienproduzierende Hoden, Frauen eierzeugende Eierstöcke. Spermien folgen dem Samenleiter, Eizellen dem Eileiter.

Aber ein Organ gibt es nur bei der Frau. Es schützt und ernährt das befruchtete Ei, wenn es wächst und sich zu einem Baby entwickelt – die birnenförmige, muskulöse Gebärmutter. Etwa alle vier Wochen, abhängig von der Länge des weiblichen Menstruations-Zyklus (siehe S. 53), reift ein Ei im Eierstock. Das Ei »springt« aus dem Eierstock und wird von den beweglichen Fransen am trichterförmigen Ende (Ampulle) des Eileiters aufgefangen. In der Ampulle findet normalerweise die Befruchtung statt, sofern Spermien vorhanden sind. Bei der Wanderung des Eies durch den Eileiter spielen einerseits Kontraktionen der Wandmuskulatur, andererseits eine gewisse Eigenbeweglichkeit der Eizelle eine Rolle. Schließlich gelangt es in die Gebärmutter. Wenn das Ei nicht befruchtet wurde, stirbt es ab und wird mit der Menstruations-Blutung ausgestoßen.

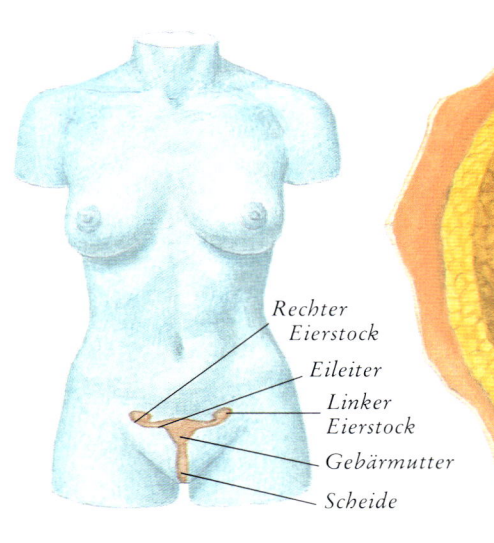

Die Fortpflanzungsorgane
Anders als beim Mann liegen die wesentlichen Fortpflanzungsorgane der Frau – Eierstöcke, Gebärmutter und Scheide (Vagina) – im Inneren des Körpers. Die Gebärmutter ist etwa 7 cm lang und 5 cm breit – natürlich nur, solange sie kein Baby enthält.

Rechter Eierstock
Eileiter
Linker Eierstock
Gebärmutter
Scheide

Haut
Beckenkamm
M. illiacu
M. transversus abdominis
M. obliquus internus
M. obliquus externus
Fettschicht

Ligamentum suspensorium ovarii

Jeder Eierstock ist durch Ligamente fest mit Gebärmutter und Bauchwand verbunden. Ligamente sind unnachgiebige bandartige Falten des Bauchfells.

In der weiblichen Bauchhöhle
Die Fortpflanzungsorgane nisten tief in der Bauchhöhle, hinter der Blase und vor dem unteren Dickdarm. Sie liegen geschützt in einer tiefen Schüssel, die von den Beckenknochen geformt wird.

Ampulle des Eileiters
Eierstock
Eierstock
Eileiter

Dieses Ligament ist eines von mehreren, welche die Gebärmutter an der seitlichen Bauchwand befestigen.

Ligamentum teres uteri

Wand der Gebärmutter
Fundus der Gebärmutter
Körper der Gebärmutter
Hals der Gebärmutter
Eileiter

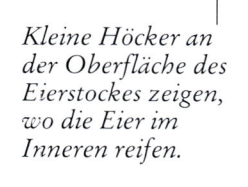

Kleine Höcker an der Oberfläche des Eierstockes zeigen, wo die Eier im Inneren reifen.

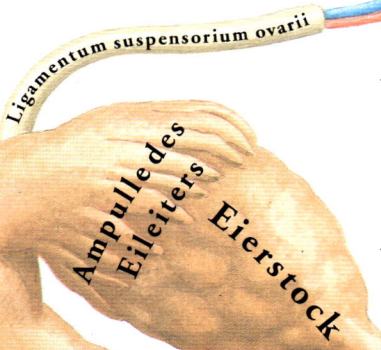

Eierstöcke und Gebärmutter
Die Gebärmutter (Uterus) hat die Form einer umgekehrten Birne. Der schmale untere Teil heißt Hals (Cervix), der breite obere Körper (Corpus). Die beiden etwa 10 cm langen Eileiter (Tuben) ziehen bogenförmig von der Gebärmutter zu den Eierstöcken (Ovarien), die etwa die Größe einer Mandel haben. In ihrem Inneren reifen in den Follikeln winzige Eizellen, kleiner als der Punkt auf diesem i. Der gesamte Lebensvorrat an unreifen Eiern (ca. 600 000) ist schon bei Geburt vorhanden, aber nur etwa 400 reifen während des Lebens heran. Die Eierstöcke produzieren auch die weiblichen Hormone Östrogen und Progesteron.

Scheide
Schleimhaut
Muskelschicht
Scheidenwand

Diese Aufnahme von einer elektronenmikroskopischen Szintigraphie zeigt ein reifes Ei (rot), das gerade aus seinem Follikel »springt«.

Die Falten (Rugae) in der Schleimhaut verschwinden, wenn sich die Scheidenwand beim Geschlechtsverkehr oder bei einer Geburt dehnt.

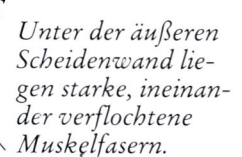

Unter der äußeren Scheidenwand liegen starke, ineinander verflochtene Muskelfasern.

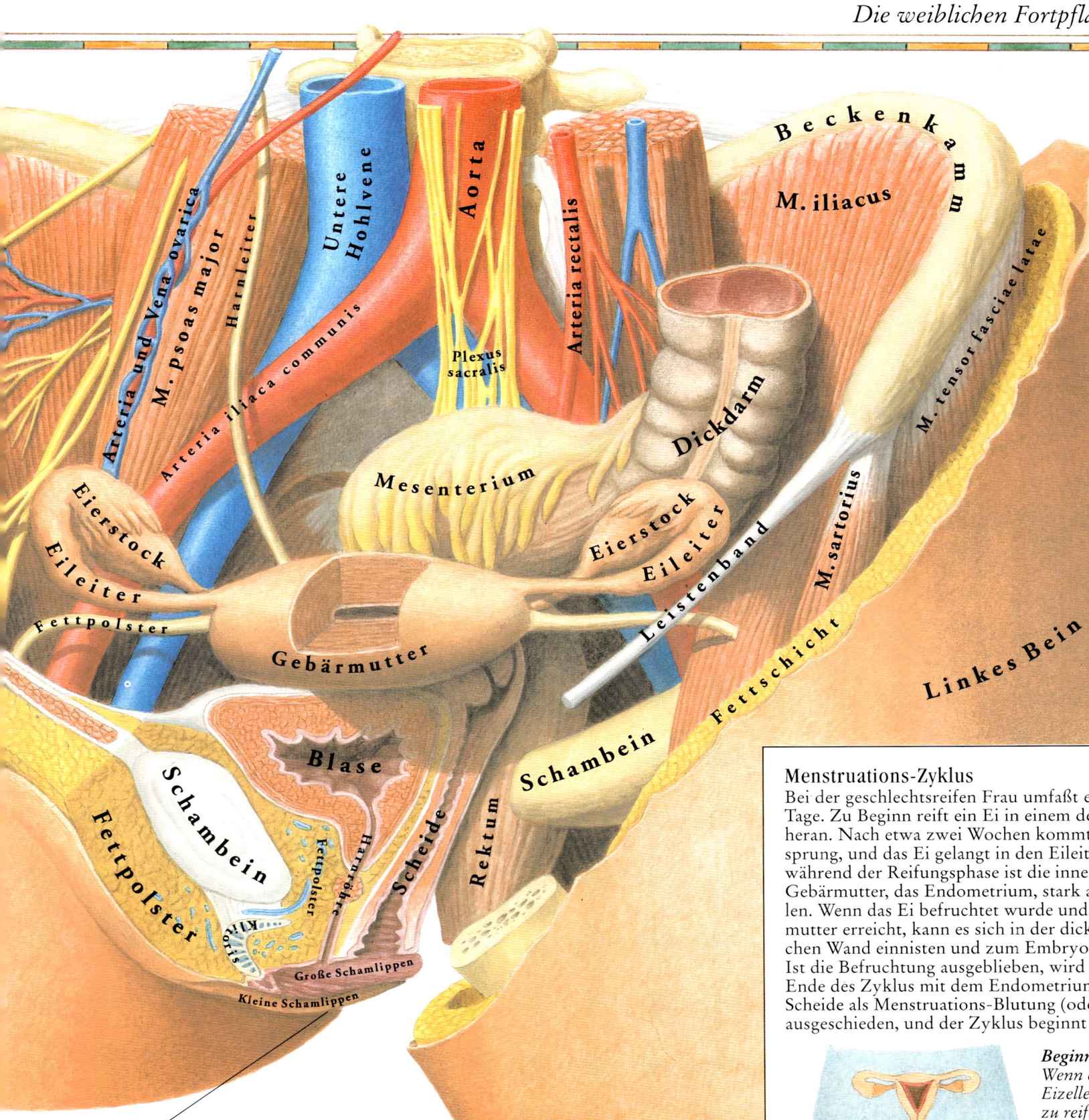

Labels on main illustration:
Arteria und Vena ovarica · M. Psoas major · Harnleiter · Untere Hohlvene · Aorta · Arteria rectalis · Beckenkamm · M. iliacus · M. tensor fasciae latae · Arteria iliaca communis · Plexus sacralis · Dickdarm · Mesenterium · Eierstock · Eileiter · Leistenband · M. sartorius · Eierstock · Eileiter · Fettpolster · Gebärmutter · Fettschicht · Linkes Bein · Blase · Schambein · Rektum · Schambein · Fettpolster · Klitoris · Harnröhre · Scheide · Große Schamlippen · Kleine Schamlippen

Vulva
Die äußeren Genitalien der Frau werden zusammen als Vulva bezeichnet. Sie liegen direkt unter der Fettschicht, die das Schambein polstert. Die großen Schamlippen umschließen die kleinen, die den Eingang von Scheide und Harnröhre schützen. Die kleinen Schamlippen vereinigen sich vorn an der Klitoris (Kitzler), die sehr reich an Blutgefäßen und Nerven ist. Ähnlich dem Penis des Mannes schwillt die Klitoris bei sexueller Erregung an und wird dann sehr empfindsam.

Rollenteilung
Die weibliche Harnröhre dient ausschließlich dem Urin als Transportweg – anders als die männliche, die Urin und Sperma leitet. Sie erstreckt sich über eine Länge von etwa 4 cm vom Blasenausgang bis zur Mündungsöffnung in der Vulva. Sie mißt damit nur ein Fünftel der Länge der männlichen Harnröhre.

Der Weg zum Ei
Beim Geschlechtsverkehr dehnt sich die Scheide. Ihre Wände sondern eine Flüssigkeit ab, die das Eindringen des Penis erleichtert. Beim Orgasmus des Mannes kommt es zur Ejakulation. Das bedeutet, daß die spermienhaltige Samenflüssigkeit in die Scheide ausgestoßen wird. Sie gelangt von hier in die Gebärmutter und wandert durch die dünnen Eileiter zur Ampulle. Falls kurz vorher ein Eisprung stattgefunden hat und eine Eizelle in der Ampulle liegt, kann diese nun befruchtet werden.

Menstruations-Zyklus
Bei der geschlechtsreifen Frau umfaßt er etwa 28 Tage. Zu Beginn reift ein Ei in einem der Eierstöcke heran. Nach etwa zwei Wochen kommt es zum Eisprung, und das Ei gelangt in den Eileiter. Schon während der Reifungsphase ist die innere Wand der Gebärmutter, das Endometrium, stark angeschwollen. Wenn das Ei befruchtet wurde und die Gebärmutter erreicht, kann es sich in der dicken, blutreichen Wand einnisten und zum Embryo entwickeln. Ist die Befruchtung ausgeblieben, wird das Ei am Ende des Zyklus mit dem Endometrium über die Scheide als Menstruations-Blutung (oder Periode) ausgeschieden, und der Zyklus beginnt von neuem.

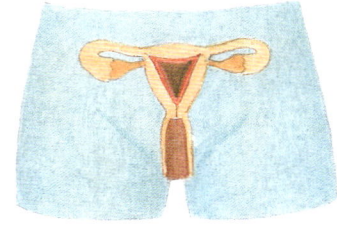

Beginn des Zyklus
Wenn eine neue Eizelle im Eierstock zu reifen beginnt, ist das Endometrium nur etwa 1-2 mm dick.

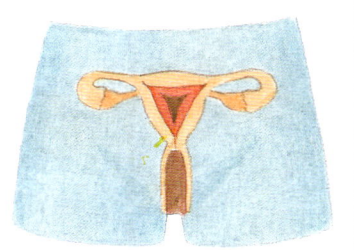

Mitte des Zyklus
Durch den Einfluß des Hormons Östrogen wächst das Endometrium bis zu einer Schichtstärke von 5-8 mm an.

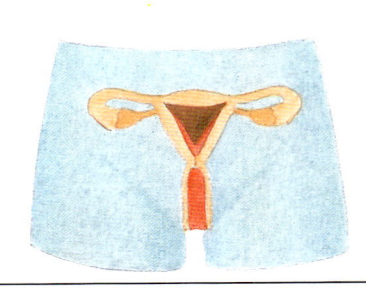

Ende des Zyklus
Das Ei wurde nicht befruchtet. Das Endometrium bricht zusammen und wird über den Zeitraum von 4-7 Tagen als Blutung über die Scheide abgestoßen.

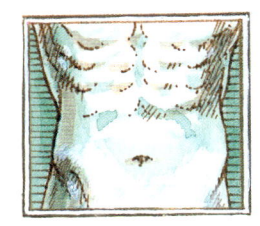

Der untere Rücken

Sehr viele Menschen haben Probleme mit ihrem unteren Rücken. Muskelverspannungen und Bandscheibenvorfälle treten häufig auf. Sie sind hauptsächlich bedingt durch unsere aufrechte Körperhaltung, die einzigartig unter unseren engsten Verwandten, den Affen, ist (siehe Abbildung Mitte rechts). Wir halten unsere Wirbelsäule beim Gehen und Stehen meist gerade. Das bedeutet eine große Anstrengung für den unteren Rücken. Diese Region muß das Gewicht von Rumpf, Kopf, Hals und Armen tragen. Vor allem wenn wir uns nach vorn lehnen, uns umdrehen und gebückt schwere Lasten heben, wird sie stark beansprucht.

Man kann aber Rückenschmerzen vorbeugen. Bewege dich viel, und trainiere die hier gezeigten Muskeln und Gelenke, damit sie die untere Wirbelsäule besser unterstützen und stabilisieren können. Auch eine andere Hebetechnik hilft: Beuge Knie- und Hüftgelenke, während du den Oberkörper gerade hältst.

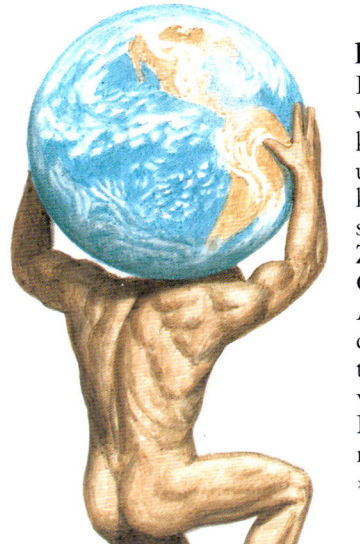

Die Last der Welt

In den Sagen des antiken Griechenlands war Atlas einer der Titanen, ein Nachkomme von Uranos (Gott des Himmels) und Gäa (Göttin der Erde). Die Titanen kämpften gegen den höchsten Gott Zeus sowie dessen Olympier und verloren. Zur Strafe mußte Atlas für immer das Gewölbe des Himmels hochhalten. Atlas wird oft als muskelstrotzender Mann dargestellt. Mit der Kraft seines Rückens trägt er auf vielen Abbildungen das Gewicht des Planeten auf seinen Schultern. Der oberste Knochen der Wirbelsäule ist nach ihm benannt, weil er den Schädel, den »Globus«, trägt.

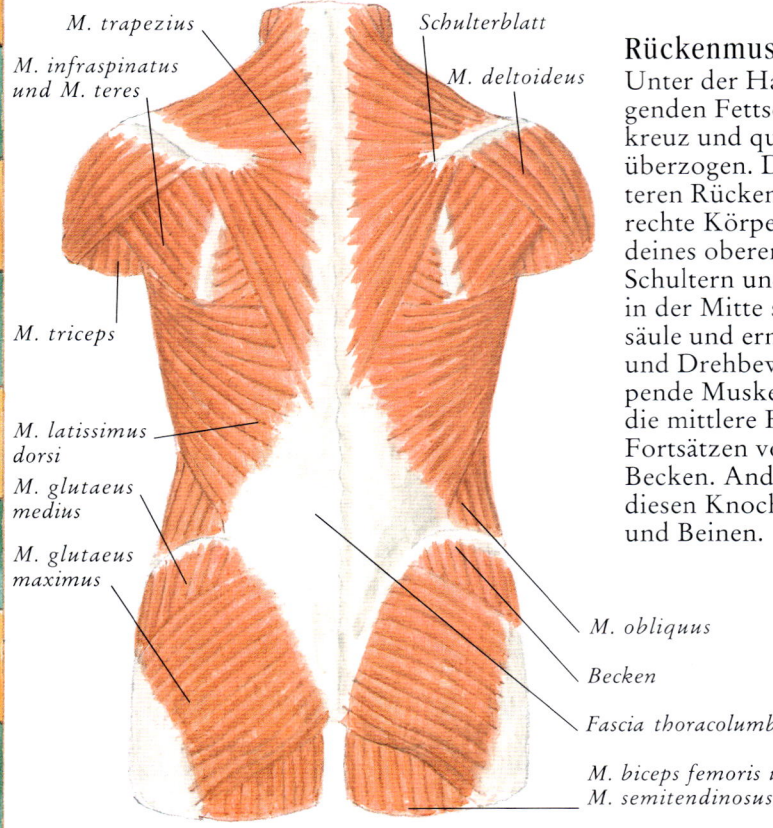

Rückenmuskelstränge

Unter der Haut und der darunterliegenden Fettschicht wird der Rücken kreuz und quer von Muskelsträngen überzogen. Die Muskeln deines unteren Rückens unterstützen die aufrechte Körperhaltung. Die Muskeln deines oberen Rückens bewegen Schultern und Arme. Die Muskeln in der Mitte stabilisieren die Wirbelsäule und ermöglichen dir Beuge- und Drehbewegungen. Überlappende Muskelflächen verbinden die mittlere Region mit knöchernen Fortsätzen von Schulterblättern und Becken. Andere Muskeln ziehen von diesen Knochen zu deinen Armen und Beinen.

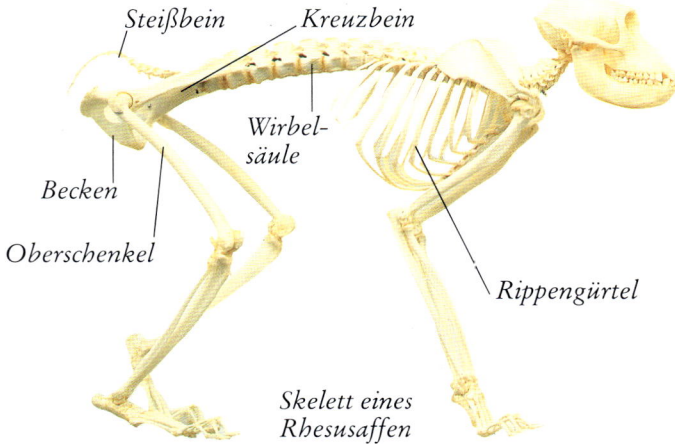

Skelett eines Rhesusaffen

Vierbeiniger Verwandter

Dieser Affe bewegt sich, wie die meisten unserer Verwandten unter den Säugetieren, auf allen vieren. Wirbelsäule und Oberschenkel stehen fast im rechten Winkel zueinander. Doch diese Anordnung könnte die zweibeinige Gangart des Menschen nicht unterstützen. Über einen Evolutions-Zeitraum von 5-10 Millionen Jahren hat sich der menschliche Körper dahingehend verändert, daß Wirbelsäule, Becken und Oberschenkel eine beinahe gerade, aufrechte Linie bilden. Durch die Fortbewegung auf zwei Beinen wurden die Arme und Hände frei für andere Tätigkeiten. Nur so konnte der Mensch sich zu dem entwickeln, was er heute ist.

Die Beckenknochen

Der schüsselförmige Knochenring am Boden deines unteren Rumpfes heißt Becken. Es besteht aus zwei Hüftbeinen, einem auf jeder Seite, die sich vorn an der Symphyse treffen. Hinten vereinigen sie sich mit dem dreieckigen Ende der Wirbelsäule, dem Kreuzbein. Jedes Hüftbein besteht aus drei eigenständigen Knochen, die im Kindesalter zusammenwachsen: dem Darmbein (Os ilium), dem Sitzbein (Os ischii) und dem Schambein (Os pubis). Das weibliche Becken hat eine weitere und rundlichere Öffnung in der Mitte als das männliche. Dadurch kann das Baby den Geburtskanal leichter passieren, nachdem es die Gebärmutter verlassen hat.

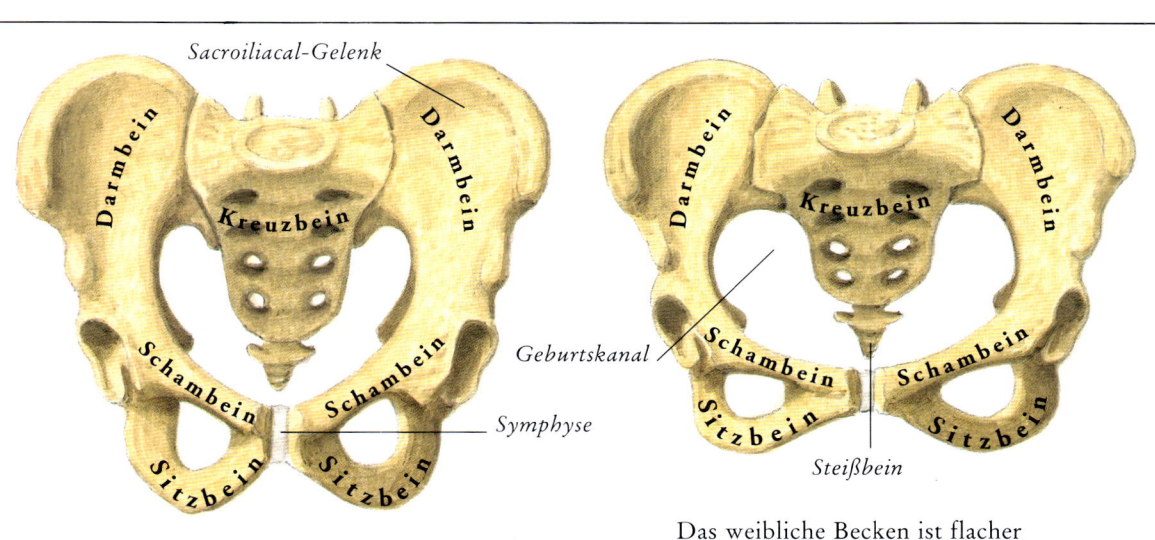

Das männliche Becken ist meist größer und stärker, weil es mehr Gewicht tragen muß.

Das weibliche Becken ist flacher und hat eine größere Öffnung, um den Geburtsvorgang zu erleichtern.

Ein Blick von hinten

Diese Hinteransicht des unteren Rückens zeigt auf der rechten Seite die wesentlichen Muskeln und die unnachgiebigen Faszienschichten unter der Haut. Auf der linken Seite wurden sie weggelassen. Man sieht die Wirbelsäule und das Netzwerk von Spinalnerven sowie die Verbindung von Hüft- und Kreuzbein. Die Lage von Niere und Harnleiter hinter dem Dickdarm und seitlich der Wirbelsäule wird deutlich.

Entlang der Wirbelsäule

Der M. iliocostalis lumborum hat mehrere Zügel, die Kreuzbein und Darmbein mit der 6. bis 9. Rippe verbinden. Er gehört zu der langen Muskel-Sehnen-Gruppe des M. erector spinae.

M. erector spinae

Der M. erector spinae erstreckt sich entlang der gesamten Wirbelsäule, von der Schädelbasis bis zum Kreuzbein. Die sieben Muskeln dieser Gruppe ermöglichen es dir, den Rumpf sowohl zu drehen als auch nach vorn und nach hinten zu beugen.

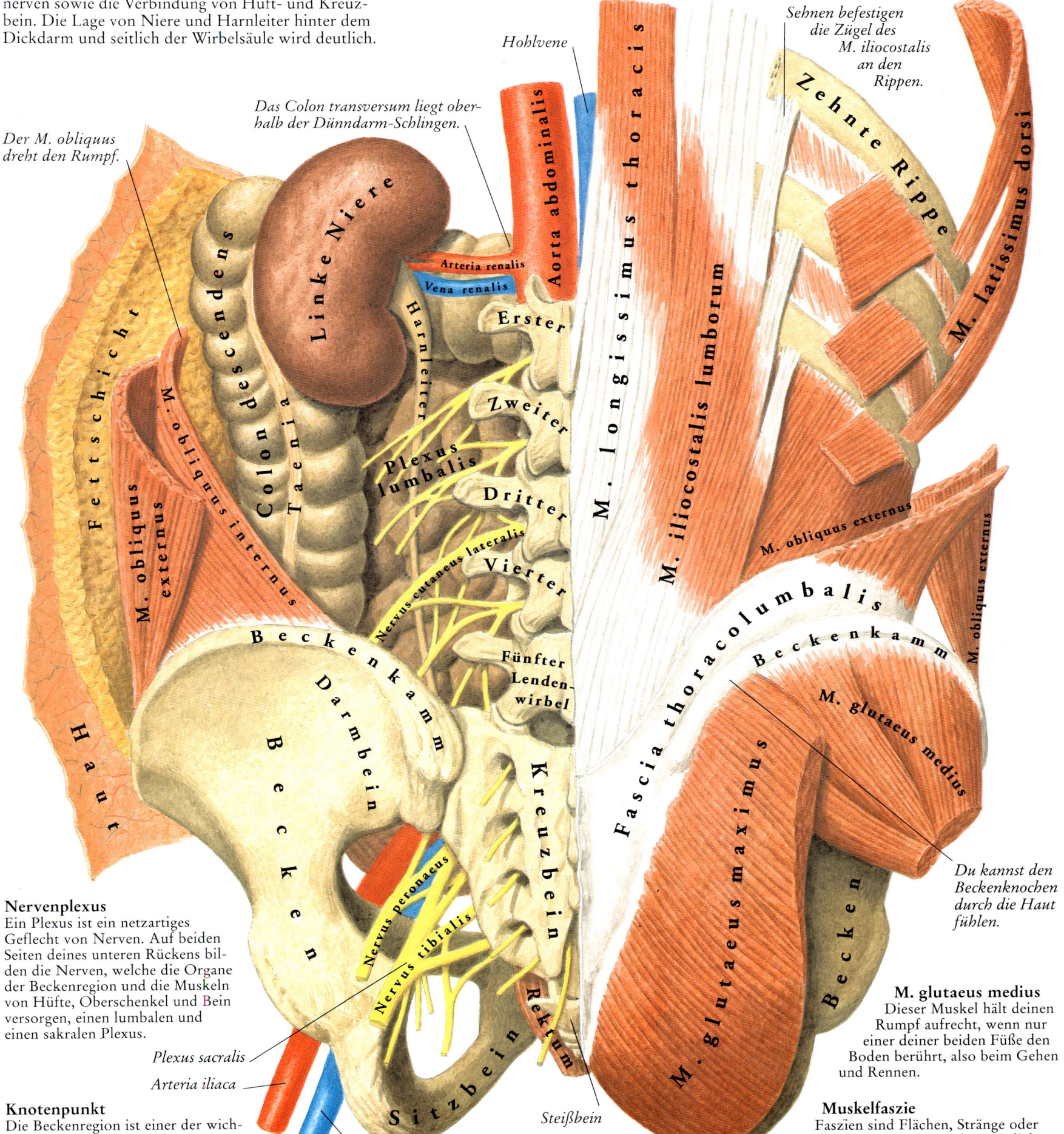

Der M. obliquus dreht den Rumpf.

Das Colon transversum liegt oberhalb der Dünndarm-Schlingen.

Hohlvene

Sehnen befestigen die Zügel des M. iliocostalis an den Rippen.

Fettschicht — Haut — M. obliquus externus — M. obliquus internus — Colon descendens — Taenia — Linke Niere — Harnleiter — Arteria renalis — Vena renalis — Aorta abdominalis — M. longissimus thoracis — M. iliocostalis lumborum — Zehnte Rippe — M. latissimus dorsi — Erster — Zweiter — Plexus lumbalis — Dritter — Vierter — Nervus cutaneus lateralis — Fünfter Lendenwirbel — M. obliquus externus — Fascia thoracolumbalis — Beckenkamm — M. glutaeus medius — Beckenkamm — Darmbein — Becken — Kreuzbein — M. glutaeus maximus — Becken — Nervus peronaeus — Nervus tibialis — Plexus sacralis — Arteria iliaca — Sitzbein — Rektum — Steißbein — Vena iliaca

Du kannst den Beckenknochen durch die Haut fühlen.

Nervenplexus

Ein Plexus ist ein netzartiges Geflecht von Nerven. Auf beiden Seiten deines unteren Rückens bilden die Nerven, welche die Organe der Beckenregion und die Muskeln von Hüfte, Oberschenkel und Bein versorgen, einen lumbalen und einen sakralen Plexus.

M. glutaeus medius

Dieser Muskel hält deinen Rumpf aufrecht, wenn nur einer deiner beiden Füße den Boden berührt, also beim Gehen und Rennen.

Knotenpunkt

Die Beckenregion ist einer der wichtigsten Knotenpunkte deines Körpers. Blutgefäße, Nerven und Lymphbahnen verästeln sich hier auf ihrem Weg zu den Organen der unteren Bauchhöhle. Auch die wesentlichen Versorgungsstränge für die Beine zweigen hier ab. Die beiden Arteriae iliacae entstehen aus der Zweiteilung der Aorta. Die Venae iliacae vereinigen sich zur unteren Hohlvene.

Kreuzbein

Die Kräfte, die auf den oberen und unteren Rumpf einwirken, treffen sich im Kreuzbein, einer keilförmigen Verschmelzung aus fünf Wirbeln. Es ist die einzige knöcherne Verbindung zwischen Wirbelsäule und Becken.

Muskelfaszie

Faszien sind Flächen, Stränge oder Bänder aus Bindegewebe. Verglichen mit anderen Strukturen sind sie nur spärlich durchblutet, daher ihre blasse Farbe. Viele Muskelgruppen werden von Faszien eingehüllt und so zusammengehalten oder an Knochen befestigt. Die Fascia thoracolumbalis verbindet den M. erector spinae mit Lendenwirbeln, Darmbein und Rippen.

Bein und Fuß

Gehen und Stehen mögen dir einfach und natürlich erscheinen. Doch wenn du ein einjähriges Kind dabei beobachtest, wie es sich mühsam hochstemmt und mit unsicheren, schwankenden Schritten zu laufen versucht, erkennst du bald, wie schwierig diese Vorgänge wirklich sind. Unsere zweibeinige Gangart ist naturgemäß instabil. Wenn du ein oder zwei Stunden auf der gleichen Stelle stehst, beginnen deine Muskeln zu schmerzen. Sie müssen andauernd ihre Spannung neu einstellen, um deinen Körper über den Füßen im Gleichgewicht zu halten. Bevor die Menschen den aufrechten Gang entwickelten, waren sich Arme und Beine sehr ähnlich. Die Anordnung von Knochen und Muskeln zeigt auch heute noch viele Parallelen. Die Hüfte entspricht der Schulter, das Knie dem Ellenbogen. Unsere Füße aber haben sich in Millionen von Jahren darauf spezialisiert, das Gewicht unseres Körpers zu tragen, während sich unsere Hände zu geschickten Greifwerkzeugen entwickelten.

Holzbein

In längst vergangenen Tagen verloren viele Seeleute ein Bein – abgerissen von einem umstürzenden Mast oder abgequetscht durch ein schnell gestrafftes Tau. Das Bein enthält keine lebenswichtigen Organe, aber einen großen Blutvorrat für seine kräftigen Muskeln. So war die vordringliche Sofortmaßnahme nach der Verletzung die Blutstillung. Wenn der Stumpf abgeheilt war, konnte ein Ersatz geschnitzt werden.

Ein berühmter Seemann mit Holzbein ist Kapitän Ahab in Herman Melvilles Buch »Moby Dick«.

Das Bein hinunter

In dieser Vorderansicht des rechten Beines wurden einige Muskeln weggenommen, um die einzelnen Arterien, Venen und Nerven zwischen und unter ihnen freizulegen. Im allgemeinen strecken die vorderen Beinmuskeln das Knie, beugen im Knöchel und heben die Zehen. Die hinteren (unten rechts gezeigt) beugen das Knie und strecken im Knöchel.

Knie-Strecker

Vier breite Muskeln bedecken den Oberschenkel vorn und seitlich. Dies sind der M. rectus femoris (rectus heißt »gestreckt«) und der dreiteilige M. vastus: M. vastus lateralis, medialis und intermedius. Zusammen werden sie als M. quadriceps femoris bezeichnet. Ihre Aufgabe ist es, das gebeugte Kniegelenk zu strecken.

Ein Scharnier für das Bein

Das Kniegelenk verbindet hauptsächlich Oberschenkel und Schienbein. Es ist das größte Gelenk deines Körpers und funktioniert ähnlich wie das Ellenbogengelenk. Es ermöglicht dir, den Unterschenkel anzuwinkeln und dich hinzuknien oder ihn zu strecken und einen großen Schritt zu machen. Es erlaubt aber nur eine geringe Drehbewegung.

Die Arteria iliaca verzweigt sich, um das ganze Bein mit frischem Blut zu versorgen.

Es gibt ungefähr 24 Muskeln in der Hüfte und in der Oberschenkelregion, die man braucht, um den Oberschenkel zur Seite, nach vorn und nach hinten zu schwingen.

Knie hoch!

Der M. gracilis hebt das Knie an und dreht den Unterschenkel nach innen.

Längster Muskel

Der längste Einzelmuskel deines Körpers ist der M. sartorius. Er entspringt am Beckenkamm und zieht schräg über den Oberschenkel an der Innenseite des Knies entlang zum Schienbeinkopf. Er ist sowohl an der Beugung des Hüftgelenks als auch an der des Kniegelenks beteiligt. Zusätzlich dreht er den gebeugten Unterschenkel nach innen.

Patella

Die Patella oder Kniescheibe bildet ein Gleitgelenk mit der Vorderseite des Oberschenkelknochens. Sie ist in die Sehne des M. quadriceps femoris zwischengeschaltet. Wenn du mit ausgestreckten Beinen auf dem Boden sitzt und die Muskeln entspannst, kannst du die Patella mit der Hand ein wenig von Seite zu Seite verschieben.

Hürdenläufer müssen zwei 10 kg-Gewichte – nämlich ihre Beine – über die Hürden heben.

Der M. sartorius wurde hier durchtrennt, um die anderen Muskeln an der Vorderseite des Oberschenkels zu zeigen.

Diagramm-Beschriftungen: Arteria iliaca · M. psoas · M. iliacus · Beckenkamm · Schambein · Leistenband · Vena saphena magna · Arteria femoralis · Vena femoralis · Nervus femoralis · M. gracilis · M. adductor longus · M. sartorius · Vastus medialis · M. rectus femoris · M. vastus lateralis · M. tensor fasciae latae · Haut des Oberschenkels · Fettschicht · Sehne des M. quadriceps · Haut · Nervus peronaeus

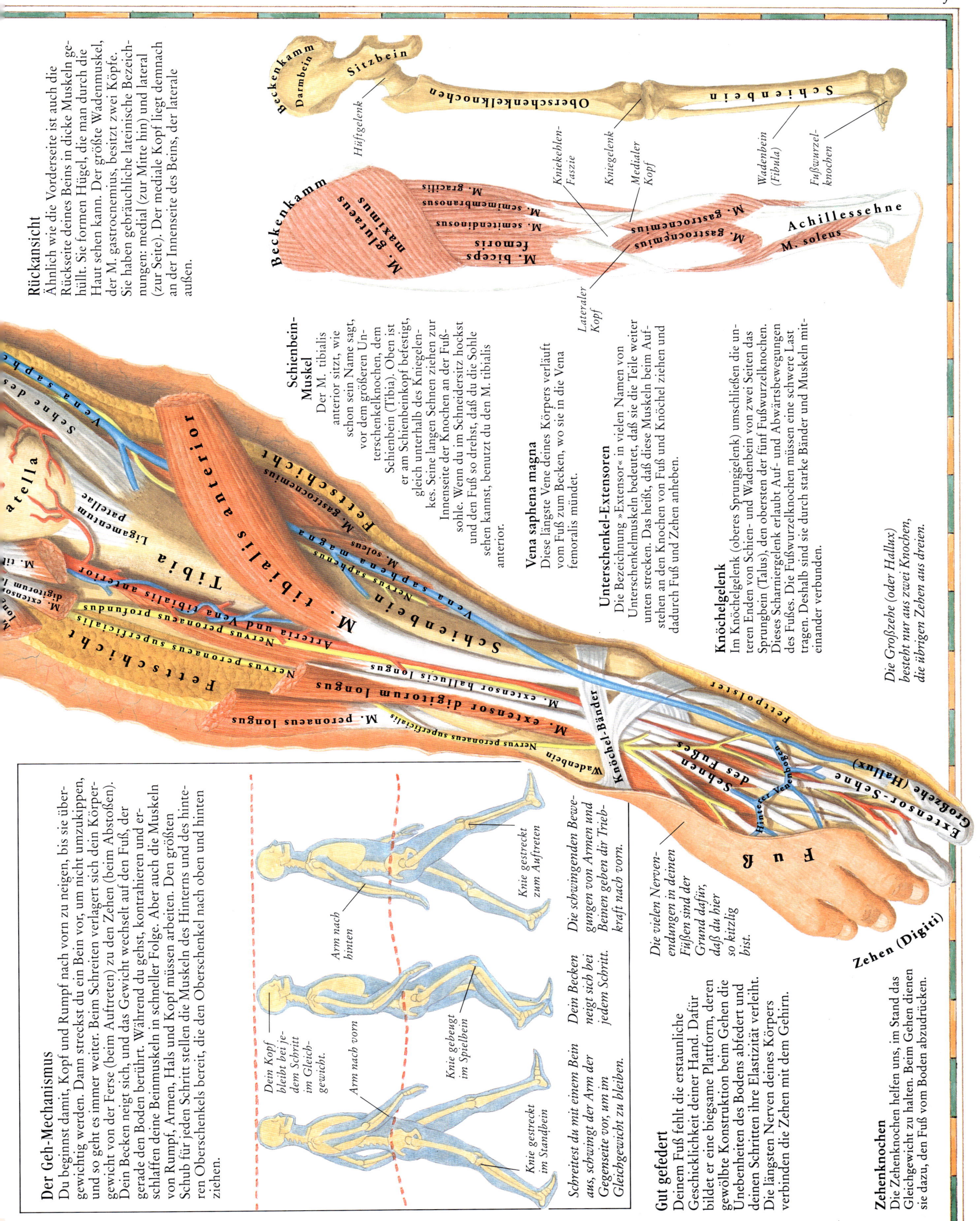

Rückansicht

Ähnlich wie die Vorderseite ist auch die Rückseite deines Beins in dicke Muskeln gehüllt. Sie formen Hügel, die man durch die Haut sehen kann. Der größte Wadenmuskel, der M. gastrocnemius, besitzt zwei Köpfe. Sie haben gebräuchliche lateinische Bezeichnungen: medial (zur Mitte hin) und lateral (zur Seite). Der mediale Kopf liegt demnach an der Innenseite des Beins, der laterale außen.

Beckenkamm · Darmbein · Sitzbein · Oberschenkelknochen · Schienbein · Hüftgelenk · Kniekehlen-Faszie · Kniegelenk · Medialer Kopf · Wadenbein (Fibula) · Fußwurzel-knochen

Beckenkamm · M. gluteus maximus · M. biceps femoris · M. semitendinosus · M. semimembranosus · M. gracilis · M. gastrocnemius · M. gastrocnemius · Lateraler Kopf · M. soleus · Achillessehne

Schienbein-Muskel

Der M. tibialis anterior sitzt, wie schon sein Name sagt, vor dem größeren Unterschenkelknochen, dem Schienbein (Tibia). Oben ist er am Schienbeinkopf befestigt, gleich unterhalb des Kniegelenkes. Seine langen Sehnen ziehen zur Innenseite der Fußsohle. Wenn du im Schneidersitz hockst und den Fuß so drehst, daß du die Sohle sehen kannst, benutzt du den M. tibialis anterior.

Vena saphena magna

Diese längste Vene deines Körpers verläuft vom Fuß zum Becken, wo sie in die Vena femoralis mündet.

Unterschenkel-Extensoren

Die Bezeichnung »Extensor« in vielen Namen von Unterschenkelmuskeln bedeutet, daß sie die Teile weiter unten strecken. Das heißt, daß diese Muskeln beim Aufstehen an den Knochen von Fuß und Knöchel ziehen und dadurch Fuß und Zehen anheben.

Knöchelgelenk

Im Knöchelgelenk (oberes Sprunggelenk) umschließen die unteren Enden von Schien- und Wadenbein von zwei Seiten das Sprungbein (Talus), den obersten der fünf Fußwurzelknochen. Dieses Scharniergelenk erlaubt Auf- und Abwärtsbewegungen des Fußes. Die Fußwurzelknochen müssen eine schwere Last tragen. Deshalb sind sie durch starke Bänder und Muskeln miteinander verbunden.

Die Großzehe (oder Hallux) besteht nur aus zwei Knochen, die übrigen Zehen aus dreien.

Sehne des ... · Vena saphena ... · Patella · Ligamentum patellae · M. tibialis anterior · M. gastrocnemius · Nervus saphenus · Vena saphena magna · M. soleus · Schienbein Tibia · Fettschicht · M. extensor digitorum ... · Nervus peronaeus profundus · Arteria und Vena tibialis anterior · Nervus peronaeus superficialis · M. peronaeus longus · M. extensor digitorum longus · M. extensor hallucis longus · Knöchel-Bänder · Wadenbein · Fettpolster · Sehnen des Fußes · Hintere Venenbogen · Großzehe-Sehne (Hallux) · Extensor-Sehne · Fuß · Zehen (Digiti)

Der Geh-Mechanismus

Du beginnst damit, Kopf und Rumpf nach vorn zu neigen, bis sie übergewichtig werden. Dann streckst du ein Bein vor, um nicht umzukippen, und so geht es immer weiter. Beim Schreiten verlagert sich dein Körpergewicht von der Ferse (beim Auftreten) zu den Zehen (beim Abstoßen). Dein Becken neigt sich, und das Gewicht wechselt auf den Fuß, der gerade den Boden berührt. Während du gehst, kontrahieren und erschlaffen deine Beinmuskeln in schneller Folge. Aber auch die Muskeln von Rumpf, Armen, Hals und Kopf müssen arbeiten. Den größten Schub für jeden Schritt stellen die Muskeln des Hinterns und des hinteren Oberschenkels bereit, die den Oberschenkel nach oben und hinten ziehen.

Gut gefedert

Deinem Fuß fehlt die erstaunliche Geschicklichkeit deiner Hand. Dafür bildet er eine biegsame Plattform, deren gewölbte Konstruktion beim Gehen die Unebenheiten des Bodens abfedert und deinen Schritten ihre Elastizität verleiht. Die längsten Nerven deines Körpers verbinden die Zehen mit dem Gehirn.

Zehenknochen

Die Zehenknochen helfen uns, im Stand das Gleichgewicht zu halten. Beim Gehen dienen sie dazu, den Fuß vom Boden abzudrücken.

Knie gestreckt im Standbein

Dein Kopf bleibt bei jedem Schritt im Gleichgewicht.

Arm nach vorn

Knie gebeugt im Spielbein

Dein Becken neigt sich bei jedem Schritt.

Arm nach hinten

Knie gestreckt zum Auftreten

Die schwingenden Bewegungen von Armen und Beinen geben dir Triebkraft nach vorn.

Schreitest du mit einem Bein aus, schwingt der Arm der Gegenseite vor, um im Gleichgewicht zu bleiben.

Die vielen Nervenendungen in deinen Füßen sind der Grund dafür, daß du hier so kitzlig bist.

Hüfte und Knie

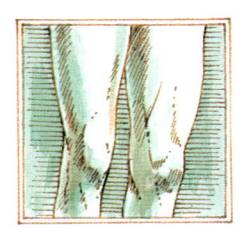

Die Hüft- und Kniegelenke sind die größten Gelenke des Körpers. Das Hüftgelenk ist ein Kugel-Pfannen-Gelenk. Der runde Kopf deines größten Knochens, des Oberschenkels, paßt genau in eine schüsselförmige Höhle deines Beckens. Das Hüftgelenk stellt das Gegenstück zum Schultergelenk deines Armes dar. Nur ist es viel stärker und stabiler, weil es einer größeren Belastung ausgesetzt ist. Es wird durch starke Bänder gesichert und von den mächtigsten Muskeln des Körpers umgeben. Doch größere Stabilität geht immer einher mit geringerer Beweglichkeit. Du kannst dein Bein weit nach vorn schwingen, ein wenig zur Seite und fast gar nicht nach hinten. Der Bewegungs-Spielraum kann aber durch eine Neigung des Beckens erweitert werden.

Das Kniegelenk ist auf der gegenüberliegenden Seite abgebildet. Es arbeitet wie ein Scharnier, das Unterschenkel und Fuß nach vorn und hinten klappt. Anders als das Ellenbogengelenk verbindet es nur zwei Knochen miteinander. Die beiden Gelenkköpfe (Kondylen) am unteren Ende des Oberschenkelknochens sitzen in zwei Vertiefungen im oberen Ende des Schienbeins.

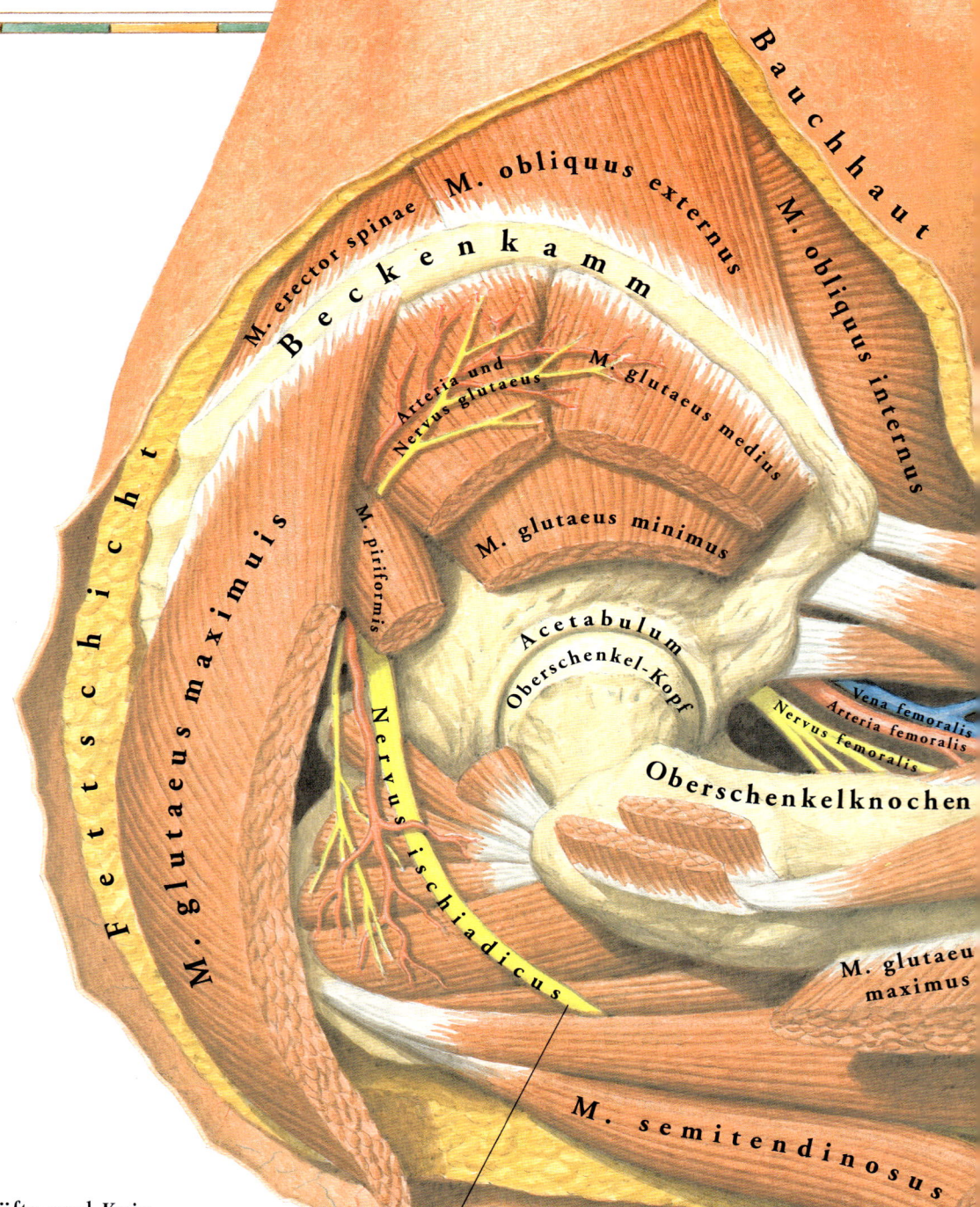

Ein Blick in Hüfte und Knie

Das Bild rechts enthüllt das Innere des Beins. Es geht unter Haut und Muskeln, um die Einzelheiten von Hüft- und Kniegelenk zu zeigen. Die Hüftgelenkspfanne ist etwas kleiner als deine Faust. Sie liegt im Knotenpunkt der drei am Hüftbein beteiligten Knochen – dem Darmbein, Sitzbein und Schambein. Der Oberschenkelknochen ist der längste und stärkste unter deinen Knochen. Er macht fast ein Viertel deiner gesamten Körpergröße aus.

Ein Skifahrer beugt den Körper in Knie- und Hüftgelenk, um Unebenheiten im Schnee kontrolliert auszugleichen.

Der Ischias-Nerv

Der Nervus ischiadicus besteht aus zwei Teilen: dem Nervus peronaeus und dem Nervus tibialis. Er verläßt den Wirbelkanal im Kreuzbein und zieht im hinteren Oberschenkel nach unten. Oberhalb des Kniegelenks trennen sich die beiden Teile und laufen zum Fuß. Der Nervus ischiadicus sendet Botschaften zu und von vielen Muskeln des Beins.

Reflexe

Ein Reflex ist eine autonome Reaktion, die dein Körper »von selbst« ausführt, also ohne daß dein Gehirn darüber nachdenkt. Dein Körper verfügt über Dutzende von Reflexen. So verschließen die Lider blitzschnell die Augen, wenn ihnen etwas zu nahe kommt. Staub oder Pfeffer in der Nase lösen den Niesreflex aus. Der Arzt testet diese Reflexe, wenn er die Funktion des Nervensystems überprüfen will. Ein Schlag auf die Quadriceps-Sehne führt über eine Rückkopplung im Rückenmark zur Kontraktion des M. quadriceps femoris und damit zum Zucken des Unterschenkels nach vorn. Das Gehirn ist an diesem Geschehen nicht beteiligt. Reflexe tragen auch dazu bei, daß du dich nach langem Stehen noch aufrecht halten kannst, wenn deine Aufmerksamkeit nachläßt und deine Kniegelenke einzuknicken drohen.

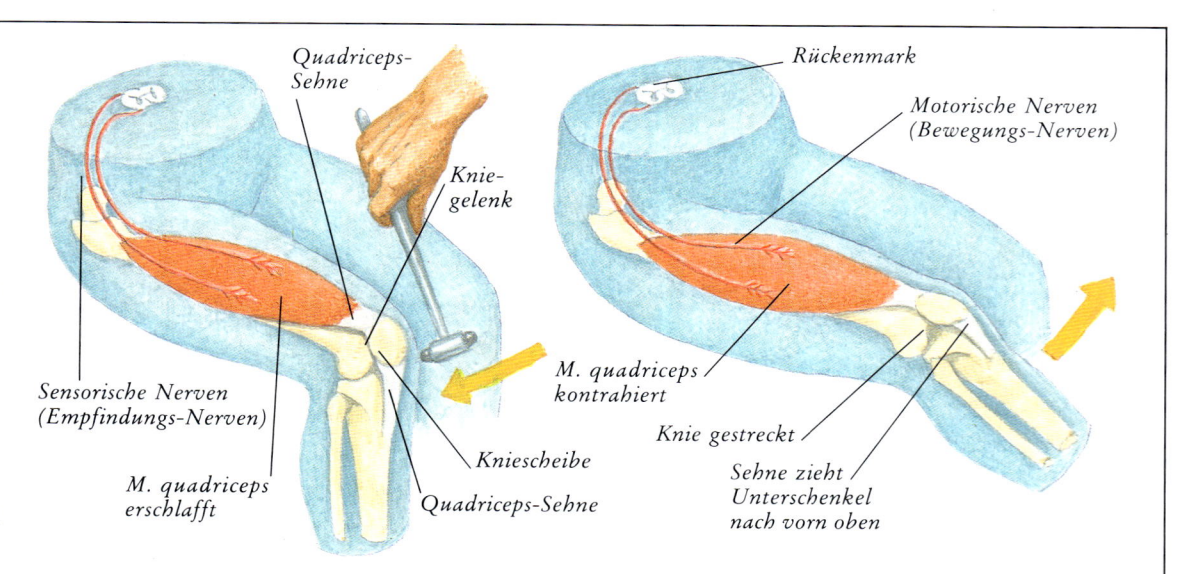

Im Inneren des Knies

Das Kniegelenk hat vom knöchernen Aufbau her bei weitem nicht die Stabilität des Hüftgelenks. Es muß deshalb außen und innen von zahlreichen Bändern verspannt werden. Im Inneren des Gelenks verbinden zwei kurze dehnbare Bänder, die Kreuzbänder, den Oberschenkelknochen mit dem Schienbeinkopf. Zusätzlich zum üblichen Knorpelüberzug der am Gelenk beteiligten Knochenenden liegen im Kniegelenk noch zwei bewegliche halbmondförmige Knorpelscheiben, die Menisken. Sie verbessern die Führung des Gelenks und verringern die Reibung.

M. rectus femoris

Arteria genus descendens

Quadriceps-Sehne

Innenseitige Kollateralbänder

Oberschenkelknochen

Patella

Fett

Arteria femoralis

Condylus (Gelenkkopf)

Kreuzbänder

Meniskus

Schienbein

Außenseitige Kollateralbänder

Arteria tibialis

Wadenbein

Band zwischen Schien- und Wadenbein

Als Kollateralbänder bezeichnet man Bänder, die ein Gelenk seitlich verspannen.

M. tensor fasciae latae

M. rectus femoris

M. vastus lateralis

Quadriceps-Sehne

Patella

Oberschenkelknochen

Sehne des M. tensor fasciae latae

Condylus

M. biceps femoris

Meniskus

Schienbein-Kopf

Quadriceps-Sehne

M. biceps femoris

Sehne

Nervus tibialis

Nervus peronaeus

M. peronaeus longus

M. extensor digitorum longus

M. tibialis anterior

M. semitendinosus

Vena saphena parva

Nervus tibialis

M. gastrocnemius

M. soleus

M. peronaeus brevis

Wadenbein

Arteria und Vena tibialis

Nervus tibialis

Schienbein-Schacht

Kniekehle

Setz dich auf einen Stuhl, und bring dein Bein in die hier gezeigte Stellung! Versuche den Fuß nach hinten zu schieben, ohne ihn wirklich von der Stelle zu bewegen. Jetzt kannst du in der Kniekehle die angespannten Sehnen fühlen. Sie sind die Ausläufer der Muskeln am hinteren Oberschenkel. Außen liegt der M. biceps femoris, innen der M. semitendinosus, der M. semimembranosus und der M. gracilis. Diese Sehnen sind, ähnlich wie die Bänder des Kniegelenks, häufig von Sportverletzungen betroffen.

Eingeschlafen

Wenn du längere Zeit auf deinen untergeschlagenen Beinen sitzt, beginnen sie manchmal zu kribbeln und taub zu werden – sie sind »eingeschlafen«. Dies geschieht immer dann, wenn die Nerven eine Zeitlang gequetscht werden und nicht wie normal Signale weiterleiten können.

Waden-Former

Der M. gastrocnemius gehört zu den Beugern des Kniegelenks. Er entspringt zweiköpfig am unteren Ende des Oberschenkelknochens und endet zusammen mit dem M. soleus als Achillessehne am Fersenbein. Seine beiden Bäuche im Mittelteil formen die Gestalt deiner Wade.

Sicher stehen!

Wenn du auf einem Bein stehend sanft hin und her schaukelst, kannst du die Anspannung der Muskeln in Wade und Unterschenkel spüren. Einer von ihnen ist der M. soleus, der eine Schicht tiefer als der M. gastrocnemius in der Wade liegt. Er verbindet Schien- und Wadenbein mit dem Fersenbein. Beim Stehen macht er dauernd kleine Bewegungen, um den Körper über den Füßen im Gleichgewicht zu halten.

Der M. tibialis anterior hebt den inneren Fußrand.

Verletzlich!

Die Unterschenkelknochen sind ziemlich anfällig gegenüber Brüchen. Das kommt daher, daß das Schienbein direkt unter der Haut liegt und kaum von Fett und Muskeln geschützt wird.

Knöchel und Fuß

Der Aufbau des Fußes zeigt viele Parallelen zu dem der Hand. Jeder Fuß hat sieben Fußwurzelknochen und fünf Mittelfußknochen. Die Großzehe setzt sich aus zwei Gliedern zusammen, die übrigen Zehen aus dreien. Um das knöcherne Gerüst gruppieren sich viele Muskeln und Bänder, außerdem Blutgefäße für die Ernährung und Nerven für Gefühl und Bewegungskontrolle. Wenn du aufrecht stehst, lastet dein Gewicht hauptsächlich auf zwei Fußwurzelknochen, dem Sprungbein (Talus), das die unteren Enden von Schien- und Wadenbein verbindet, und dem Fersenbein (Calcaneus) ganz hinten im Fuß. Auch die Mittelfußknochen helfen tragen. Der Rest des Fußes formt ein biegsames Gewölbe, das dich im Gleichgewicht hält und deinem Fuß beim Laufen Elastizität verleiht.

Fußwurzelknochen

Lage und Form der sieben Fußwurzelknochen werden im Bild rechts gezeigt. Das Sprungbein sitzt vorn oben auf dem Fersenbein. Sein abgerundetes Ende fügt sich in eine schüsselförmige Höhle im davorliegenden Knochen, dem Kahnbein. An dieses wiederum schließen sich die drei Keilbeine an, die nach vorn an die Mittelfußknochen der drei größeren Zehen grenzen. Zum äußeren Fußrand hin ist das Fersenbein über das Würfelbein mit den Mittelfußknochen der beiden kleineren Zehen verbunden.

Mit den Zehen wackeln

Ziehe Schuhe und Socken aus, und wackle mit den Zehen! Du siehst die Sehnen der am vorderen Unterschenkel gelegenen Zehen-Streckmuskeln am Vorfuß deutlich hervortreten. Diese Sehnen gleiten in langen schlüpfrigen Hüllen, den Sehnenscheiden.

Fußspanner

Es gibt vier dorsale (fußrückenwärts gelegene) und drei plantare (fußsohlenwärts gelegene) M. interossei. Sie ziehen von den Mittelfußknochen zu den Grundgliedern der Zehen. Wenn sie sich anspannen, versteifen sie den zentralen Teil des Fußes. Du kannst das fühlen, wenn du deine Zehen unter einen Gegenstand schiebst und versuchst, diesen mit gebeugtem Knie anzuheben.

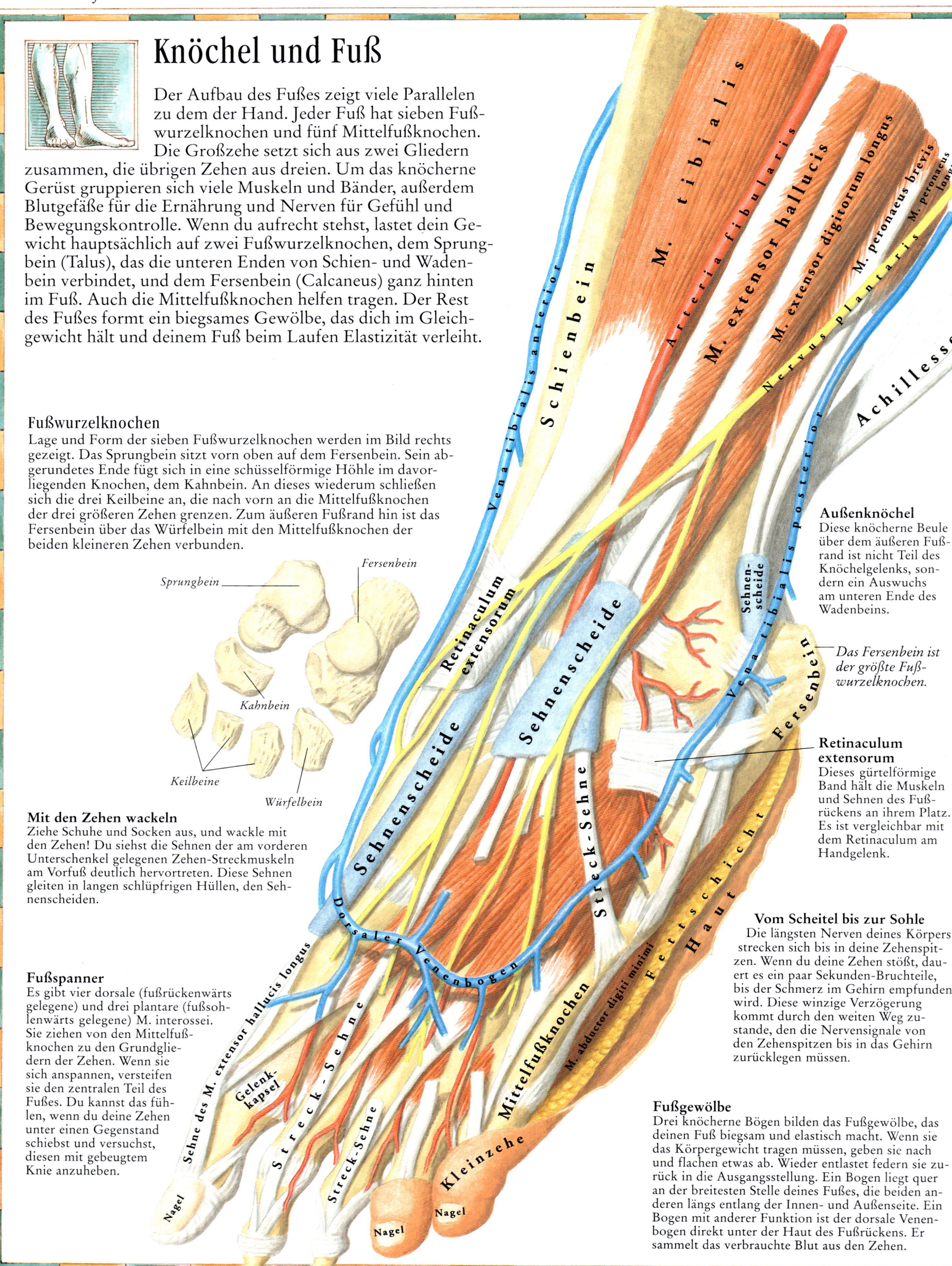

Außenknöchel

Diese knöcherne Beule über dem äußeren Fußrand ist nicht Teil des Knöchelgelenks, sondern ein Auswuchs am unteren Ende des Wadenbeins.

Das Fersenbein ist der größte Fußwurzelknochen.

Retinaculum extensorum

Dieses gürtelförmige Band hält die Muskeln und Sehnen des Fußrückens an ihrem Platz. Es ist vergleichbar mit dem Retinaculum am Handgelenk.

Vom Scheitel bis zur Sohle

Die längsten Nerven deines Körpers strecken sich bis in deine Zehenspitzen. Wenn du deine Zehen stößt, dauert es ein paar Sekunden-Bruchteile, bis der Schmerz im Gehirn empfunden wird. Diese winzige Verzögerung kommt durch den weiten Weg zustande, den die Nervensignale von den Zehenspitzen bis in das Gehirn zurücklegen müssen.

Fußgewölbe

Drei knöcherne Bögen bilden das Fußgewölbe, das deinen Fuß biegsam und elastisch macht. Wenn sie das Körpergewicht tragen müssen, geben sie nach und flachen etwas ab. Wieder entlastet federn sie zurück in die Ausgangsstellung. Ein Bogen liegt quer an der breitesten Stelle deines Fußes, die beiden anderen längs entlang der Innen- und Außenseite. Ein Bogen mit anderer Funktion ist der dorsale Venenbogen direkt unter der Haut des Fußrückens. Er sammelt das verbrauchte Blut aus den Zehen.

Kleinzehe
Beuge-Sehne
Beuge-Sehne
Beuge-Sehne
Beuge-Sehne
Sehne des M. flexor hallucis longus
Beuge-Sehne
M. abductor digiti minimi
M. flexor digiti minimi brevis
M. flexor digitorum brevis
M. flexor hallucis longus
Plantar-Aponeurose
Plantar-Aponeurose
M. flexor hallucis
M. abductor hallucis
Fettpolster
Fersenbein
Achillessehne

Der Sockel des Körpers

Deine Fußsohlen tragen dein gesamtes Körpergewicht, wenn du still stehst. Beim Laufen müssen sie einer Kraft widerstehen, die das Fünffache des Körpergewichtes betragen kann. Starke, unnachgiebige Bänder sichern die Muskeln und Sehnen, welche die Knochen bewegen. Die Haut der Fußsohlen ist die dickste des ganzen Körpers. Sie kann über 5 mm stark werden.

Fußsohle

Direkt unter der Haut und dem Fettgewebe liegt die Plantar-Aponeurose, ein dichtes Netzwerk von kreuz und quer verlaufenden kollagenen Fasern. Sie bildet einen sicheren Sockel für den Fuß, wie die »innere Sohle« eines Schuhs.

Fasern und Fett

Die dicken Fettpolster in der Fußsohle sind von kollagenen Fasern durchwachsen. Sie verhindern, daß das Fett beim Auftreten an den Seiten des Fußes herausgequetscht wird.

Fußsohlen-Muskeln

Hauptaufgabe dieser Muskelgruppe ist es, das Fußgewölbe zu stützen und die Zehen nach unten zu krümmen. Du brauchst sie z. B., wenn du mit den Zehen den Rand eines Schwimmbeckens umklammerst, bevor du dich abstößt und ins Wasser springst. Die kräftigsten Muskeln unter ihnen ziehen zu den Knochen der Großzehe.

Hand und Fuß

Die Knochen deiner Hände und Füße stimmen in ihrer Anordnung überein. Die Knochen der Hand sind dünner und leichter, ihre Gelenke sind beweglicher. Der Fuß ist eher für das Tragen schwerer Lasten ausgelegt. Trotzdem gibt es Menschen, die, weil sie ihre Hände nicht benutzen können, gelernt haben, mit den Zehen zu schreiben und zu malen.

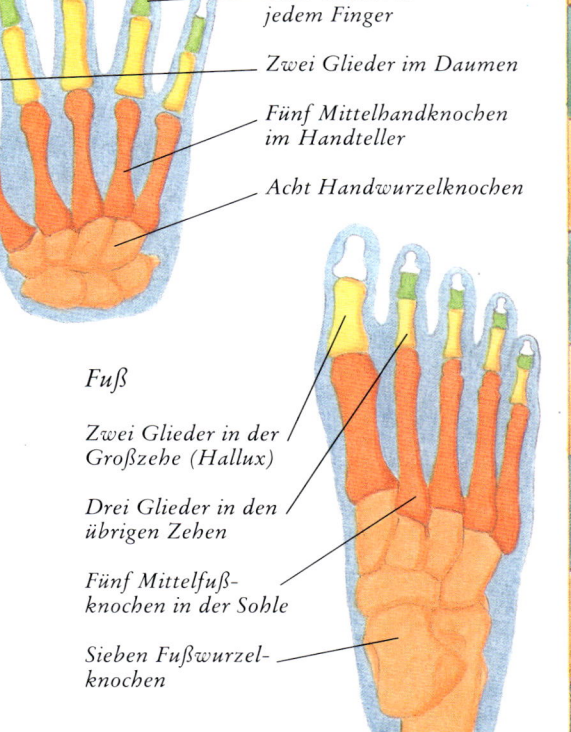

Hand

Drei Glieder in jedem Finger

Zwei Glieder im Daumen

Fünf Mittelhandknochen im Handteller

Acht Handwurzelknochen

Fuß

Zwei Glieder in der Großzehe (Hallux)

Drei Glieder in den übrigen Zehen

Fünf Mittelfußknochen in der Sohle

Sieben Fußwurzelknochen

Die Beuge-Muskeln stützen das Fußgewölbe und krümmen die Zehen nach unten.

Die Achillessehne ist die kräftigste Sehne deines Körpers.

Die Abduktoren sind Muskeln, die den Fuß nach außen drehen. Abduktion bedeutet immer von der Medianebene des Körpers weg, Adduktion zur Medianebene hin.

Achillessehne

Die Achillessehne heftet den M. gastrocnemius und den M. soleus am Fersenbein an. Achilles war ein Held in der griechischen Sagenwelt. Seine Mutter wollte ihn unsterblich machen, indem sie ihn ins Wasser des Flusses Styx tauchte. Da sie ihn an den Fersen festhielt, kamen diese nicht mit dem Wasser in Berührung und wurden seine verwundbaren Stellen. Achilles wurde später in einer Schlacht getötet, als ein Pfeil seine Ferse durchbohrte.

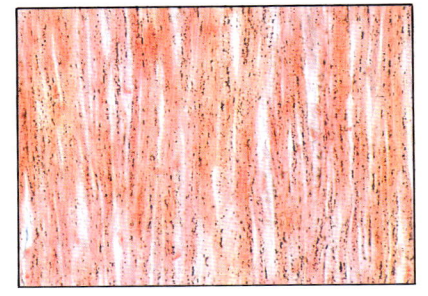

Diese Mikroskopaufnahme zeigt, wie die Fasern der Sehne in die Oberfläche des Knochens eingebettet sind.

Mit dem rechten Fuß aufstehen

Kein anderes Säugetier und nur wenige andere Lebewesen können auf zwei Beinen gehen. Das menschliche Bein arbeitet wie eine Folge von Hebeln. Wenn du einen Schritt machst, berührt zuerst das an der Hacke gelegene Fersenbein den Boden. Dann kontrahieren die Wadenmuskeln und heben die Ferse an. Sobald das gesamte Körpergewicht auf den Knochen des vorderen Fußes liegt, flacht das Fußgewölbe ab, um die Last gleichmäßig zu verteilen. Der Fußballen und die Zehenmuskeln stellen den Schub für die Vorwärtsbewegung bereit. Die vor dem Schienbein liegenden Muskeln heben die Fußspitze an – und du bist bereit für den nächsten Schritt.

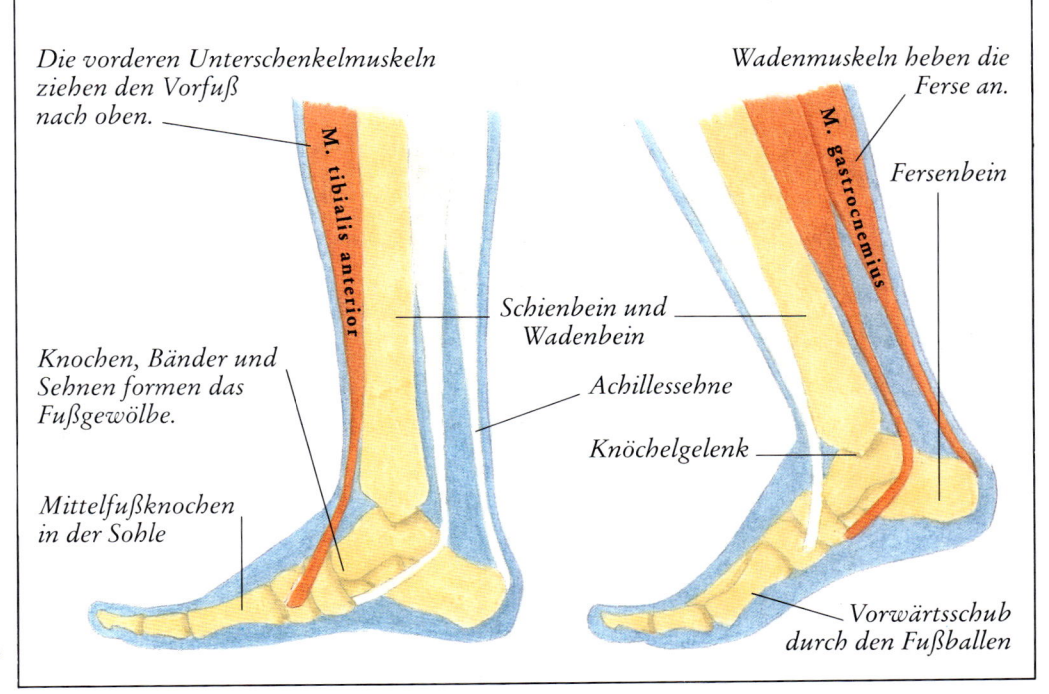

Die vorderen Unterschenkelmuskeln ziehen den Vorfuß nach oben.

M. tibialis anterior

Knochen, Bänder und Sehnen formen das Fußgewölbe.

Mittelfußknochen in der Sohle

Wadenmuskeln heben die Ferse an.

M. gastrocnemius

Fersenbein

Schienbein und Wadenbein

Achillessehne

Knöchelgelenk

Vorwärtsschub durch den Fußballen

Register

Danksagung:
Der Verlag möchte folgen-
den Personen besonders
danken:
Ann Kramer und Miranda
Smith (Unterstützung der
Redaktion)
Lynn Bresler (Erstellung des
Registers)

Zusätzliche Illustrationen:
Susanna Addario, John
Hutchinson und Jon Rogers
Bildbeschaffung:
Catherine O'Rourke

Bildnachweise:
Colorsport 2 u.l., 24 o.r., 36
M.l., 58 M.l.; Mary Evans
Picture Library 14 u.l.; Robert Harding
Picture Library 34 o.r., 47
u.r., 58 u.r.; Robert Harding
Picture Library 32 o.l.;
Image Bank/G.K. & Vikki
Hart 60 M.l.; Mansell Collection
38 o.M.; National

Medical Slide Bank 16 u.l.;
Ann Ronan 18 M.l.;
Science Photo Library 14
u.l./Dr. Tony Brain 17 o.r.;
Dr. Goron Bredberg 19
M.r.; CNRI 3 o.l., 3 o.r., 4
u.l., 4 u.M., 6 M.l., 10 u.l., 10
u.r., 27 o.r., 30 M.l., 45 o.r.,
48 o.r., 51 o., 55 u.r.; CNRI/
Secchi-Lecaque-Roussel-
UCLAF 46 u.l.; D. Fawcett
& D. Phillips 8 o.r.; Simon
Fraser 3 o.M.l., 22 M.l.;
Bruce Inverson 31 u.r.; Manfred Kage 7 o.r., 16 M.l., 40
o.r.; Dr. Mertyn Gorman 24
M.l.; Astrid & Hans-Frider
Michler 63 u.l.; Hank Mor-
gan 38 M.l.; Professoren
P.M. Motta & J. van Blerkom 3 o.M.r., 52 u.l.; Motta
& Familari, Anatomy Dept.,
University La Sapienza,
Rom 54 M.l.; Alfred Pasieks
39 M.r.; Dr. Klaus Schiller
43 o.M., 43 o.r.; Zefa 50 M.l.